2021年度版

みんなが欲しかった！

TAC賃貸不動産経営管理士講座

賃貸不動産経営管理士の教科書

TAC出版
TAC PUBLISHING Group

はじめに

本書は、「賃貸不動産経営管理士」試験の合格を目的とした、受験用対策テキストです。この資格を受験するにあたって、まったく知識のない方でも、合格に必要なポイントを短期間で効率よくマスターできるように編成しました。読者の皆さんの実力を、合格レベルまで一気に高めます。

そのために、本書は次のような工夫をしています。

パッと重要ポイントが目に飛び込んでくるフルカラーレイアウト

読みやすさにトコトンこだわりました。見やすい配色やレイアウトに短くリズミカルな文章で、知識がサクサク頭に入ってきます！

スッと知識が頭に入ってくる多彩なイラスト・図表

イラストを多用し、イメージで視覚的に理解できます。まとめの図表は全体をざっと復習する際にも役立ちます‼

様々な工夫で学習効率がググッとUP!

学習の優先順位がわかる「Sectionごとの重要度・項目ごとの出題年度」表記や、知識を補足する"ひとこと"などで、スムーズに学習できます！

本書で学習された読者の皆さんが、お一人でも多く賃貸不動産経営管理士試験に合格して、資格を生かしてご活躍されますことを、心より祈念いたします。

2021年7月
TAC賃貸不動産経営管理士講座

本書の内容は、『【令和3 (2021)年度版】 賃貸不動産管理の知識と実務』に対応しています。

本書を利用した効率的な学習法

まずは学習のウォーミングアップ!!

①「オリエンテーション」で資格・試験の内容をつかみましょう！

「**オリエンテーション**」は、賃貸不動産経営管理士試験の学習を始めるにあたって、その学習範囲をざっくり把握するためのものです。

▶ ここでは、資格の概要や本試験の学習範囲をおおまかにまとめています。**賃貸不動産経営管理士の業務内容**とともに、その**全体像を確認**していきましょう。まずは"学習の第一歩"となるものですので、ここで全体像を知っておけば、本格学習にスムーズに入ることができます。

本格学習スタート！

②「このSectionのポイント」で重要論点をすばやく確認！

「**このSectionのポイント**」では、学習効率を高めるために各Sectionのキーポイントを明示しています。

▶ 「各Sectionで学ぶべきことは何か」を、簡潔に説明しています。**学習上のねらい**がわかり、学習リズムがつかめます。

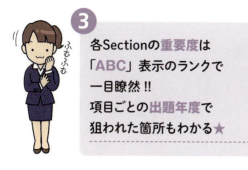

各Sectionの「重要度」を、重要度・出題頻度などを踏まえてA・B・Cの3段階で表示しました。

> 重要度A ▶ 重要・頻出項目です。何度も確認してマスターしましょう。
> 重要度B ▶ 比較的重要な項目です。しっかり押さえておきましょう。
> 重要度C ▶ 出題頻度は低いものの、最低限は押さえておきたい内容です。

また、過去5年の「出題年度」も項目単位でわかります。

▶ 短期間で効率よく合格するには、優先順位をつけて学習する必要があります。これらを"目安"としてご活用ください。

学習内容が「どう出題されたか」を確認できるよう、過去問から重要な選択肢を「○×（一問一答）」形式で収載しました。

▶ 「TRY! 過去問」は本試験問題（過去問）から、学習の確認に最適な問題をピックアップして掲載しています。学習で身につけた知識がしっかりと理解できているか、また、実際に本試験ではどう問われるのかを確認することができます。もしも解けなかったら、かならず本文に戻って確認しましょう。

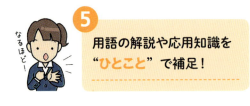 

❺ 用語の解説や応用知識を"ひとこと"で補足!

プラスアルファの知識などをまとめました。
得点力のアップにつながります。

『みんなが欲しかった! 賃貸不動産経営管理士の過去問題集』
とのセット学習で、合格へのアプローチは万全★

 本書を使って知識のインプットを進め、『過去問題集』を併用して「アウトプット⇔インプット」を繰り返し行うことで、知識の習熟度がアップし、重要ポイントの定着をはかることができます! 合格への最高のツールとなる「セット学習」、ぜひご利用ください!

もくじ contents

はじめに
本書を利用した効率的な学習法　　　iv
もくじ　　　vii
賃貸不動産経営管理士 オリエンテーション　　　xi

CHAPTER 1　賃貸住宅管理業者・賃貸不動産経営管理士

Section ❶	賃貸不動産管理の意義と重要性 ………………………………… 2
Section ❷	賃貸住宅管理の手法等 …………………………………………… 10
Section ❸	賃貸住宅管理業法 ………………………………………………… 16
Section ❹	賃貸住宅管理業者の業務上の義務 ……………………………… 23
Section ❺	重要事項の説明義務 ……………………………………………… 28
Section ❻	管理受託契約の締結時の書面の交付 …………………………… 32
Section ❼	賃貸住宅管理業者に対する監督処分 …………………………… 34
Section ❽	特定賃貸借契約等 ………………………………………………… 37
Section ❾	特定賃貸借契約の適正化のための措置等 ……………………… 40
Section ❿	特定賃貸借契約の重要事項の説明 ……………………………… 43
Section ⓫	特定賃貸借契約の締結時の書面の交付 ………………………… 46
Section ⓬	特定転貸事業者等に対する監督処分等 ………………………… 48
Section ⓭	罰則 ………………………………………………………………… 51
Section ⓮	賃貸不動産経営管理士　倫理憲章 ……………………………… 53

vii

CHAPTER 2 賃貸不動産管理の実務

Section ①	借主の募集・広告等	56
Section ②	物件の調査・入居審査	68
Section ③	鍵の管理	76
Section ④	クレーム処理	81
Section ⑤	住環境の整備	86
Section ⑥	アウトソーシング	90
Section ⑦	その他の業務（定期報告・更新手続）	94
Section ⑧	賃料の徴収等	98
Section ⑨	未収賃料の回収手続	101
Section ⑩	原状回復ガイドライン	114
Section ⑪	賃貸不動産を取り巻く状況	124

CHAPTER 3 実務に関する法令等

Section ①	賃貸借契約 ①（貸主・借主の権利・義務）	130
Section ②	賃貸借契約 ②（敷金等）	141
Section ③	賃貸借契約 ③（存続期間・更新等）	145
Section ④	賃貸借契約 ④（賃借権の譲渡・転貸借）	151
Section ⑤	賃貸借契約 ⑤（賃貸借契約の終了）	159
Section ⑥	その他建物賃貸借に関する制度等	166
Section ⑦	個人情報保護法	179
Section ⑧	保証契約	187
Section ⑨	委任契約	194

CHAPTER 4 建物・設備

Section ① 建築構造等 …………………………………………………… 204

Section ② 耐震構造 ……………………………………………………… 210

Section ③ 建物の維持・保全 …………………………………………… 218

Section ④ 建築基準法による規制 ……………………………………… 226

Section ⑤ 給水設備 ……………………………………………………… 232

Section ⑥ 排水・通気設備 ……………………………………………… 238

Section ⑦ 消防設備 ……………………………………………………… 243

Section ⑧ 電気設備 ……………………………………………………… 249

Section ⑨ エレベーター・換気設備・ガス給湯設備・機械式駐車場 …… 252

CHAPTER 5 賃貸不動産経営への支援業務

Section ① 賃貸用不動産の企画提案 …………………………………… 262

Section ② 事業計画の策定等 …………………………………………… 268

Section ③ 賃貸不動産経営と保険 ……………………………………… 274

Section ④ 賃貸不動産管理と税金 ……………………………………… 278

Section ⑤ 不動産賃貸経営法人 ………………………………………… 295

Section ⑥ 賃貸管理と不動産証券化業務 ……………………………… 302

さくいん ………………………………………………………………… 309

賃貸不動産経営管理士
オリエンテーション

⭐「賃貸不動産経営管理士」とは

　賃貸不動産経営管理士とは、主に賃貸アパートやマンションなど賃貸住宅の管理に関する知識・技能・倫理観を持った専門家です。適正な管理業務を行ううえで、幅広い専門知識と経験を兼ね備えた賃貸不動産経営管理士が、重要な役割を担うことが期待されています。

> 賃貸不動産経営管理士は、「賃貸住宅の管理業務等の適正化に関する法律（以下、法律）」における、賃貸住宅管理業務を行う上で設置が義務付けられている「業務管理者」の要件※とされた法体系に基づく資格です。

※業務管理者（法律第12条第4項）
　賃貸住宅管理業者が業務の管理・監督に関する事務を行うために、営業所又は事務所ごとに1人以上置かなければならない、業務に関する必要な知識と能力、実務経験を有する者

※業務管理者の要件（法律施行規則第14条）
　管理業務に関し2年以上の実務経験を有する者で
1. 登録試験（令和3年度以降の賃貸不動産経営管理士試験）に合格し登録した者（第1号）
　※令和4年6月15日までに賃貸不動産経営管理士として登録した者で「移行講習（業務管理者移行講習）」を修了した者は上記1.とみなす。（附則第2条及び告示）
2. 宅地建物取引士で「指定講習（賃貸住宅管理業業務管理者講習）」を修了した者（第2号）

⭐賃貸不動産経営管理士の役割

「業務管理者」として賃貸不動産経営管理士が行う業務

❶ 法律第13条の規定による説明及び書面の交付に関する事項（重要事項説明及び書面の交付）

❷ 法律第14条の規定による書面の交付に関する事項（管理受託契約書の交付）

❸ 賃貸住宅の維持保全の実施に関する事項及び賃貸住宅に係る家賃、敷金、共益費その他の金銭の管理に関する事項

❹ 法律第18条の規定による帳簿の備付け等に関する事項
❺ 法律第20条の規定による定期報告に関する事項（オーナーへの定期報告）
❻ 法律第21条の規定による秘密の保持に関する事項
❼ 賃貸住宅の入居者からの苦情の処理に関する事項
❽ 前各号に掲げるもののほか、賃貸住宅の入居者の居住の安定及び賃貸住宅の賃貸に係る事業の円滑な実施を確保するため必要な事項として国土交通大臣が定める事項

「賃貸住宅管理業者」として賃貸不動産経営管理士が行うべき業務

❶ 特定賃貸借契約の締結時における重要事項説明
❷ 長期修繕計画の策定などのオーナー提案 等

賃貸不動産経営管理士になるには

　賃貸不動産経営管理士になるには、試験に**合格**し、**登録手続**（登録料6,600円〈税込〉）を経て、賃貸不動産経営管理士として登録されることが必要です。なお、登録については、次の2つの要件のどちらかを満たす必要があります。

> 賃貸不動産経営管理士試験の合格者で以下の①または②を満たす者
> ① 管理業務に関し2年以上の実務の経験を有する者
> ② 国土交通大臣がその実務の経験を有する者と同等以上の能力を有すると認めた者
> 　※②は実務経験2年とみなす講習の修了をもって代える者を指す。

次に、「賃貸不動産経営管理士試験」を見てみましょう。

賃貸不動産経営管理士試験の概要

■受験資格
年齢・学歴等に制限なく、誰でも受験することができます。

■ 試験日程等

試験日	例年11月・第3日曜日（2021年度は11月21日）
試験時間	13：00〜15：00（120分間）
試験会場	北海道・岩手・宮城・群馬・茨城・埼玉・千葉・東京・神奈川・新潟・石川・長野・静岡・愛知・京都・大阪・兵庫・島根・岡山・広島・香川・愛媛・福岡・熊本・沖縄（全国25地域）
受験料	13,200円（税込）
受験案内等の資料請求期間	例年8月中旬〜9月下旬
受験申込書受付期間	例年8月中旬〜9月下旬
合格発表	例年1月初旬 （合格通知の郵送・試験機関HP上での受験番号の掲載による）
試験に関するお問合せ先	一般社団法人 賃貸不動産経営管理士協議会 HP https://www.chintaikanrishi.jp/ TEL 0476-33-6660 （電話受付：平日10:00〜17:00） FAX 050-3153-0865（24時間受付）

■ 出題形式

マークシート方式・4肢択一（計50問）で実施されます。

※「免除講習（令和2年度及び令和3年度)」の修了者は「5問免除」となります。

■ 出題範囲・出題数（2020年度の例）

出題範囲	本書の該当箇所	出題数（計40問）
❶ 賃貸管理の意義・役割をめぐる社会状況に関する事項	CHAPTER 1	2問
❷ 賃貸住宅管理業者登録制度に関する事項		5問
❸ 賃貸不動産経営管理士のあり方に関する事項		2問
❹ 借主の募集に関する事項	CHAPTER 2	3問
❺ 管理実務に関する事項	CHAPTER 2	10問
❻ 賃貸借契約に関する事項	CHAPTER 3	13問
❼ 管理業務の受託に関する事項	CHAPTER 3	3問
❽ 建物・設備の知識に関する事項	CHAPTER 4	6問

| ❾ | 賃貸業への支援業務に関する事項
（企画提案・不動産証券化・税金・保険等） | CHAPTER 5 | 6問 |

■ 過去6年間（2015～2020年度）の試験結果

年度	受験者数	合格者数	合格率	合格ライン （40問中、2020年度は50問中）
2015	4,908名	2,679名	54.6%	25点
2016	13,149名	7,350名	55.9%	28点
2017	16,624名	8,033名	48.3%	27点
2018	18,488名	9,379名	50.7%	29点
2019	23,605名	8,698名	36.8%	29点
2020	27,338名	8,146名	29.8%	34点

本書で学習する内容

それでは、本書で学習する内容を、CHAPTERごとに見ていきましょう！

CHAPTER 1 賃貸住宅管理業者・賃貸不動産経営管理士

賃貸物件のオーナー（貸主）にとって、物件の管理を委託した賃貸住宅管理業者が、要望どおりに管理業務を行ってくれるかどうか、特に気になります。

そのため、貸主が安心して管理を委託できるように、賃貸住宅管理業者には、貸主に対して**管理受託契約の重要事項の説明**や**管理事務の報告**を行う義務が課せられています。

学習する主な内容
- 「賃貸不動産管理」とは
- 賃貸住宅管理の手法等
- 賃貸不動産経営管理士「倫理憲章」
- 賃貸住宅管理業法
- 重要事項の説明・契約締結時の書面

CHAPTER 2 賃貸不動産管理の実務

借主の募集　　クレーム処理

原状回復

管理業務の実務である「物件の管理」には、借主の募集から物件のメンテナンス、居住者からのクレーム処理等、さまざまな業務があります。例えばクレームは、放置すると大きなトラブルに発展するおそれがありますが、それを「直接的な居住者からの要望」ととらえれば、適切な管理業務に活かすことができます。

そのような直接業務以外に、アウトソーシング手法を検討する等も、管理業務として非常に重要です。

学習する主な内容
- 借主の募集・広告等　● 物件の調査・入居審査　● 鍵の管理
- クレーム処理　● アウトソーシング　● 定期報告・契約更新の手続
- 未収賃料の回収手続　● 原状回復ガイドライン

CHAPTER 3 実務に関する法令等

契約

物件の
オーナー　　借主

諸制度による
借主保護

賃貸借契約では、一般的に強い立場にいるのは賃貸物件の貸主（オーナー）です。もし、貸主が突然「今すぐ物件を明け渡せ」と言ってきたら…こんな無茶な要求に従わざるを得ないのは不合理です。

そのため、例えば「借地借家法」という、民法の規定に基づいた賃貸借契約に関する専門の法律のように、借主の権利を保護するための様々な制度が整備されています。

学習する主な内容
- 賃貸借契約（賃借権の譲渡・転貸借、敷金、契約の更新等）
- 建物賃貸借に関する諸制度　● 個人情報保護法
- 保証契約　● 委任契約

CHAPTER 4 　建物・設備

点検・清掃や
メンテナンス

　賃貸物件は、その構造が鉄骨か鉄筋コンクリートか等で、メンテナンス方法に違いがあります。また、ガス・電気・水道等の各種設備の管理方法や劣化・故障への対応策も様々です。これらの特徴や仕組みを知って、定期的に適切な点検や修繕を行えば、借主が安全に住み続けることができ、さらには物件の寿命を延ばすこともできます。
　これらの特徴をよく理解し、適切な管理を行うことは、とても重要です。

学習する主な内容
- 建築構造等
- 耐震構造
- 建物の維持・保全
- 給排水設備
- 消防設備
- 電気設備
- エレベーター設備
- 換気設備
- ガス給湯設備

CHAPTER 5 　賃貸不動産経営への支援業務

火災保険

どんな物件を建てればいいの？
アドバイス
物件のオーナー　　賃貸不動産経営管理士

　賃貸物件のオーナーや、オーナーになりたい方々に対して、付加価値の高い物件やその用途を紹介したり、賃貸不動産経営にかかる固定資産税や所得税といった様々な税金・節税対策、加入が必要な保険等の説明をすることは、賃貸不動産経営管理士の重要な業務です。
　このCHAPTERでは、その他、賃貸不動産経営に関する資金計画の一環である「不動産証券化」等についても学習します。

学習する主な内容
- 賃貸不動産の企画提案、事業計画の策定等
- 賃貸不動産経営に関する保険・税金
- 不動産賃貸経営法人
- 不動産証券化業務

いよいよ学習スタート!! しっかり読み進めていきましょう!

賃貸住宅管理業者・賃貸不動産経営管理士

CHAPTER 1　賃貸住宅管理業者・賃貸不動産経営管理士

Section 1 賃貸不動産管理の意義と重要性

重要度 A

このSectionのポイント

◆ 契約関係の多様化 …… 以前よりも、賃貸物件管理の専門家である管理業者のニーズが高まりました。

◆ 管理業の役割 ……… 管理業には、貸主や投資家の利益だけでなく、消費者や地域社会の利益も求められています。

◆ 信頼関係の確保 …… 管理業者には、コンプライアンス等の遵守が求められています。

1　賃貸不動産管理をめぐる環境・ニーズの変遷

出題 H29・30

　従前、賃貸不動産の管理は、ある程度は貸主の「自主管理」でも対応できるため、「専門家による管理」は、賃料の収納業務等に限定される、または賃貸借契約の締結の延長として行われるなど、そのニーズは必ずしも大きくはありませんでした。

　また、不動産の賃貸借については、長年にわたる「貸主優位」の市場下で、立場が弱い借主の保護を図るための仕組みが、借地借家法などの法令の創設や借主に有利な判例の確立などによって整えられてきました。

　しかしながら、バブル経済崩壊等による不動産不況の到来や市場の成熟化、グローバリゼーション（国境を越えたヒト・モノ・カネの流れの活発化）等の中で、賃貸不動産を取り巻く環境も大きく変わり、その管理についても、**管理業者による専門的な知見に基づく判断の必要性・ニーズが増加**してきました。

<「専門家」(管理業者) による管理のニーズの増加>

❶ 法整備等に伴う契約関係の多様化

関係する法律が多すぎる！どのような契約をしていいかわからない

賃貸借契約の形態や不動産活用の**選択が多様化**し、**契約関係が複雑**に！

❷ 不動産証券化により投資家が「貸主」に

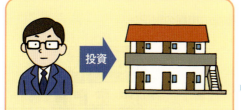

不動産証券化等の進展で、不特定多数の**投資家**がオーナー（**貸主**）となるケースも増加

専門的な知見に基づく判断の必要性の増加

→ 専門家である**管理業者のニーズ**が高まった！

❸ 情報化社会の進展

情報化社会の進展で、賃貸経営に対する支援や、投資家のための管理運営の情報収集が容易になり、**専門家への委託**も、選択肢の1つに入るようになった

TRY! 過去問		H29-問37
Q	情報化社会の進展により、賃貸不動産の管理に関する情報を、誰でも容易に入手できるようになったので、賃貸不動産管理に関する専門的知識の重要性は、相対的に低下してきた。	
A	専門的知識の重要性は増しているため、賃貸不動産管理に関する専門家へのニーズも高まってきています。	✗

2　消費者保護・地域社会のための管理

出題 H27・28・29・30

❶ 貸主のための管理

賃貸不動産の市場の現況は、次のとおりです。

＜賃貸不動産の市場の現況＞

総住宅数（持家等含む）：
6,240万7千戸

総住宅数のうち、**賃貸物件**：
1,906万5千戸（約3割）

＜賃貸物件のうち＞

民営賃貸住宅：**8割**（1,529万5千戸）　　公営やＵＲ賃貸住宅等：**2割**

- **8割**以上は個人経営
- **6割**は高齢者がオーナー
- 戸数20以下の**小規模住宅**が6割

● 平成30年「住宅・土地統計調査」
● 平成22年「民間賃貸住宅に関する市場環境実態調査」

> **ひとこと**
> 貸主が管理業者に、契約締結業務と管理業務の両方を委託することが多く、また賃貸不動産管理は、主に**投資家**を含む**貸主**の収益等のために行われてきたという経緯があります。

❷ 借主や同居者の保護

賃貸不動産管理は、貸主と管理業者の間での**委託契約**によって行われますが、**実際に居住**するのは**借主**です。そのため、借主を「**消費者**」と位置づけて、借主（消費者）保護の見地から行われる賃貸不動産管理も必要とされています。

❶ 借主の立場を配慮した管理　　❷ 消費者保護の要請

優良な借主に長く契約を継続してもらう　　個人である借主を保護し、借主やその同居人の利益にも配慮する必要がある

オーナーにもメリットが！

TRY! 過去問　　H29-問37

Q 住宅の賃貸借を中心に、個人である借主を消費者と位置づけて、消費者保護の観点から不動産賃貸借関係をとらえる傾向があり、賃貸不動産管理において、そのような観点にも留意する必要が生じてきた。

A 従来の「貸主中心の管理」から、借主を消費者と位置づけて「消費者保護の観点から行う賃貸不動産管理」の要請も活発化しています。　〇

> **TRY! 過去問**　　　　　　　　　　　　　　　　H28-問1
>
> **Q** 賃貸不動産の管理を行う上で配慮すべき入居者、利用者とは、当該賃貸不動産の借主であり、貸主との契約関係にある者に限られる。
>
> ---
>
> **A** 「入居者・利用者」には、貸主と直接の契約関係にある者（借主）に限らず、同居人等も含まれます。　　　　　　　　　　　　　　　　　　　　✗

❸ 空き家等の問題と賃貸管理

　国土交通省 平成30年「住宅・土地統計調査」によれば、**空き家数は849万9千戸**と、5年前の調査に比べて29万3千戸（3.6％）も増加しています。そして、空き家の内訳は、**賃貸住宅**が432万7千戸と全体の**50.9％**を占め、半数を超えています。

不動産資源を有効活用できず、街並みの美観や防災・防犯の点でも問題が！

⬇

「貸主の利益だけではなく、地域社会との関係にも配慮した賃貸不動産の管理」や「空き家の活用等についての適切な賃貸不動産管理業者の関与」が求められている

3 信頼関係の確保の重要性

出題 R2

今や管理業者は、賃貸不動産に関しては、単に管理をするだけでなく、借主や地域社会に負う責任が増えてきました。その責務を果たすためには、前提として、貸主や借主との**信頼関係**の確保が大切です。

そのため、管理業者が行う賃貸不動産の管理業務には、次の2つが必要とされています。

❶ 信頼関係の確保	**コンプライアンス**を重視し、貸主・借主との信頼関係の構築やその維持に、最大限の配慮をすること
❷ 不適切な行為の禁止	契約に明示的に定められた事項の遵守に加えて、**契約の趣旨からみて不適切な行為**をしないこと

TRY! 過去問

H28-問1

Q コンプライアンスの観点から見ると、管理業者は、貸主や借主との関係において、もっぱら契約に明示的に規定された事項を遵守することに努めるべきである。

A 契約に明示された事項の遵守だけでなく、不適切な行為をしないことも望まれています。 ✗

4 不動産業の分類

出題 R2

不動産業は以下のように分類されます。

CH. 1

1 賃貸不動産管理の意義と重要性

7

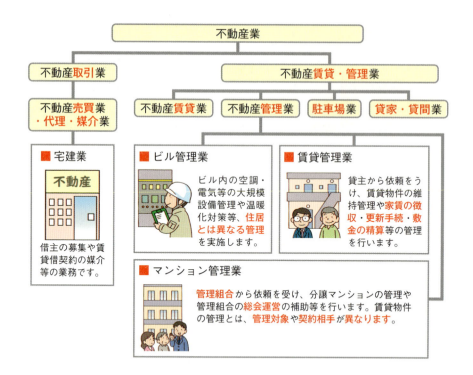

5 管理業者の社会的責務と役割

出題 H30・R2

管理業者には、以下の社会的責務と役割が求められています。

❶ 社会的責務

資産運用のプロとしての役割	貸主の資産の適切な運用という観点から、貸主の有するあらゆる資産（金融資産、不動産等）の組合せ（ポートフォリオ）の中で、いかに収益を上げるかという視点で賃貸管理のあり方を構成していこうとする姿勢が求められる
循環型社会への移行	人口減少・成熟型社会を迎え、良質のものを長く使うストック重視の循環型社会へ移行することが喫緊の課題となり、単に住宅・ビル等の供給量を確保するだけでなく、適切な管理を通じて不動産の価値を維持・保全する責務がある
業務に関する専門知識の研鑽と人材育成	管理業者は、従事者の、賃貸不動産の管理業務に係るさまざまな専門知識の研鑽に努め、専門的知識と能力を身に着けた人材育成が求められる

❷ 役割

借主保持と快適な環境整備	借主保持のため、物件の維持保全、設備の陳腐化の回避等ハード面からの**商品価値の維持保全**に努めるとともに、トラブルが発生したときに早期解決が図れるような体制を含め、**適時適切な対応ができる専門家**の要請が高まっている
透明性の高い説明と報告	アセットマネージャーが投資家等に対する説明・開示責任は、管理業者の情報が基礎となることから、**アセットマネージャー**に対する透明性の高い報告が管理業者に求められるので、管理業者は、**貸主**や**投資家**に対し透明性の高い説明と報告をする役割を担う
経営基盤の強化等	管理業者は社会的信用の確立のため、経済的な信用性・実際に管理業務を行う経営者や従業者に**高い品位・資質・知識・業務遂行能力**が求められる
新たな経営管理手法の研究と提案等	不動産の適切なコスト管理・借主確保等による高いパフォーマンスを達成するために、管理業者は、新たな経営管理手法を**研究**し、使いこなす**高度な賃貸管理**が求められる
能動的・体系的管理の継続	管理業務は、物件の維持管理から契約管理等の体系的管理が継続してはじめて効果が最大限に発揮されるので、管理業者に**能動的・体系的管理**の**継続**が求められる
善管注意義務の遂行・公共の福祉・社会貢献	管理業者には、単に投資家・貸主の代理人として、その意向に追随するだけの存在ではなく、貸主・借主・投資家その他の利害関係人の間に入り、**中立公平**に利害調整を行い、不動産の適切な活用を促進する存在であることが求められる。また、良質な不動産の**ストック形成**を助ける役割も担っている
入居者の快適な生活空間の作出・非常時のサポート	管理業者は、適切な管理サービスを提供し入居者の**快適な生活空間**の作出に責任をもつ立場である。また、貸主の資産状況の悪化・今まで管理していた別の管理業者の経営問題等の管理業務の継続が困難となる**非常時**に借主をサポートする責任を負う

TRY! 過去問

R2-問2

Q 人口減少・成熟型社会を迎え、良質のものを長く使うストック重視の循環型社会へ移行することが喫緊の課題となり、適切な管理を通じて不動産の価値を維持・保全する役割を担う管理業者の社会的責務と役割が高まっている。

A 適切な管理を通じて**不動産の価値を維持・保全する責務**が求められています。　○

CHAPTER 1　賃貸住宅管理業者・賃貸不動産経営管理士

Section 2 賃貸住宅管理の手法等

重要度 B

このSectionのポイント

- ◆ 賃貸不動産経営管理士 … 賃貸住宅の管理に関する知識・技能・倫理観を持った専門家のこと
- ◆ 管理受託方式 ………… 賃貸人との間で管理受託契約を締結し、管理事務を行う方式
- ◆ サブリース方式 ………… 管理業者自らが転貸人となって転借人と転貸借契約を締結して、管理事務を行う方式

1　賃貸住宅管理業者登録制度の趣旨

　管理業者が行う賃貸不動産の管理業務は、貸主・借主に対してだけでなく、適切な管理が行われていない物件は、美観や防災上の問題で地域社会にも重要な影響を与えます。しかし、今までは管理業務に関し法律の規制がなく、そのままでは、管理業務が適切に行われず、業務を委託する貸主が不利益を被るという事態も生じかねませんでした。

　そこで、貸主保護のために、賃貸住宅の管理業務等の適正化に関する法律（賃貸住宅管理業法）が制定され、これによって「**賃貸住宅管理業者登録制度**」という、賃貸住宅管理業者に関する**登録制度**が定められ、登録をした業者に、契約内容の事前説明等の**義務**を課しています。

2　賃貸不動産経営管理士

　賃貸不動産経営管理士とは、主に賃貸アパートやマンションなど**賃貸住宅の管理**に関する**知識・技能・倫理観**を持った**専門家**です。

賃貸住宅管理業法では、賃貸住宅管理業者の登録制度や、賃貸不動産のオーナー（貸主）を守るための数々の規定が定められ、管理委託契約やサブリース契約に関する重要事項の説明等について業務管理者が監督することで、適正に業務が行われることが期待されています。この業務管理者になることのできる資格の1つが、賃貸不動産経営管理士です。

　なお、「賃貸住宅管理業者」は、事務所ごとに、1名以上の業務管理者を置かなければなりません。

3 不動産の媒介・管理と賃貸住宅管理業者登録制度

　例えば、賃貸住宅のオーナーが自分の土地にアパートなどの賃貸物件を建設して、経営する際、素人では借主（入居者）と賃貸借契約をスムーズに締結するのは困難ですので、一般的には、**宅地建物取引業者**（「**宅建業者**」）という**賃貸の媒介**（仲介）を行う業者に依頼することになります。

　この**媒介**については、貸主・借主保護のために、**宅地建物取引業法**（「**宅建業法**」）という法律によって、規制がかけられています。

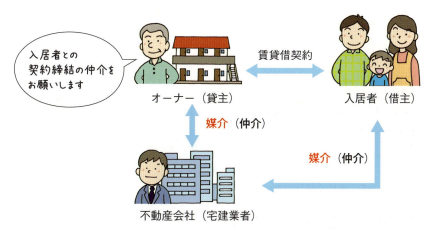

　次に、借主（入居者）が決まった後は、賃貸物件の管理業務を管理会社に依頼することになります。

管理業者は、賃貸の媒介をした不動産会社（宅建業者）が兼ねるケースもありますし、管理業務を専門に行う別会社が引き受ける場合もあります。

4 賃貸住宅管理の方法

出題 H28

1 「管理受託方式」と「サブリース方式」

　管理会社が行う賃貸住宅の管理には、賃貸住宅のオーナーから管理の委託を受け、借主との間の賃貸借契約に関する事務を円滑に運営するために、契約の準備に始まり、契約中〜契約終了時に至るまでに行う一連の業務が含まれます。

　この賃貸住宅の管理の方法には、**管理受託方式**と**サブリース方式**の2つがあります。

❶ 管理受託方式

　貸主（オーナー）との間で**管理受託契約**を締結し、管理受託契約に基づいて、次の❶〜❺の業務を行う方式です。

事務の種類	内　容
❶ 家賃・敷金等の受領に係る業務	賃料等の徴収・未払賃料の督促等
❷ 賃貸借契約の更新に係る業務	借主の更新意思の確認・更新後の契約条件の提案等
❸ 賃貸借契約の終了に係る業務	敷金の精算・住戸部分の原状回復・明渡しの確認
❹ 建物・設備の点検、維持管理	建物・屋外施設・建物設備の点検等
❺ 賃貸人等からの問合せ対応や管理報告、苦情対応など	建物・設備等のクレーム対応・貸主への管理報告等

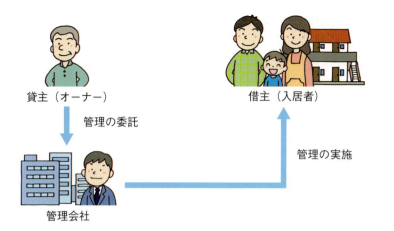

❷ サブリース方式

　管理業者が貸主（オーナー）と賃貸住宅について賃貸借契約（「**原賃貸借**」、マスターリースともいいます）を締結し、借主である**管理業者自らが転貸人**となって転借人と**転貸借契約**（サブリース）を締結して、前出「❶ **管理受託方式**」の❶〜❺の賃貸住宅の管理に関する事務を行う方式です。

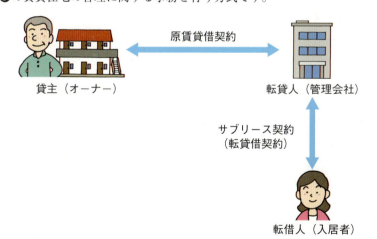

2 ２方式のメリットとデメリット

　管理受託方式と**サブリース方式**には、賃貸住宅の貸主（オーナー）にとって、次のようなメリットとデメリットがあります。

❶ 管理受託方式	メリット	● 契約関係がシンプル ● 日々の業務の手間が省ける
	デメリット	● 管理費の滞納等のリスクはオーナーが負う ● 空き室率上昇に伴う賃料収入減少の影響を、オーナーが**直接**受ける
❷ サブリース方式	メリット	● 日々の業務の手間が省ける ● オーナーの賃料収入が**安定**する ● 空き室率上昇に伴う賃料収入減少の影響は、**サブリース会社**が受ける ● サブリース会社が転貸人の立場になるため、入居者（転借人）からのクレーム等は、オーナーでなくサブリース会社が対応する
	デメリット	● 契約関係が管理受託方式より**複雑**になる ● 一般的な賃料よりもサブリース会社から支払われるリース料の方が低くなる ⚠ 別途管理手数料がかかる場合もある ● 入居者から支払われる礼金や更新料等がサブリース会社の「収入」になり、オーナーに支払われない場合がある ● サブリース会社から賃料の**減額**を請求されるリスクがある

5 賃貸管理の定義と業務内容

　管理業者は、賃貸管理に求められる多彩なニーズに応じて、さまざまな業務を行っています。そのため、「賃貸管理」という用語自体も、次のように幅広く用いられています。

■「賃貸管理」の分類

分　類	内　容
❶ 通常多く行われる業務の流れに沿った「賃貸管理」	貸主から委託を受け、借主との間の賃貸借契約に関する業務を円滑に運営するために、**契約の準備**から、**契約中〜終了時**に至るまでに行う一連の業務を指す
❷ 宅建業者が行う媒介行為を含む「賃貸管理」	宅建業者が管理業者も兼ねる場合は、❶の業務に加えて、賃貸借契約締結に向けた**媒介業務を含めて**「賃貸管理」ということもある
❸ 賃貸住宅管理業法の賃貸住宅管理業者による「賃貸管理」	● 賃貸住宅管理業者は、賃貸住宅管理業法に基づいた管理業務を行う ● 賃貸住宅管理業法では、賃貸住宅に関する 　① 維持保全業務 　② 維持保全業務と併せて行う家賃等の管理業務 の２つの業務を「**管理業務**」と定めている。
❹ 賃貸経営への支援を含む「賃貸管理」	管理業者が、管理業務を行う建物等の所有者から、賃貸不動産経営に関する業務への協力を求められて行う**支援業務**を含めて「賃貸管理」という

15

Section 3 賃貸住宅管理業法

CHAPTER 1　賃貸住宅管理業者・賃貸不動産経営管理士

重要度 A

このSectionのポイント

- ◆ 賃貸住宅 …………… 賃貸の用に供する住宅で、人の居住の用に供する家屋または家屋の部分をいいます。
- ◆ 管理業務 …………… ①維持保全業務と②維持保全業務と併せて行う家賃等の管理業務をいいます。
- ◆ 賃貸住宅管理業の登録 … 賃貸住宅管理業に係る賃貸住宅の戸数が200戸未満であるときは、登録不要です。

1 賃貸住宅管理業法とは

社会経済情勢の変化に伴い国民の生活の基盤としての賃貸住宅の役割の重要性が増大

賃貸住宅の入居者の居住の安定の確保・賃貸住宅の賃貸に係る事業の公正かつ円滑な実施を図る必要がある

賃貸住宅管理業を営む者に係る登録制度を設け、その業務の適正な運営を確保するとともに、特定賃貸借契約の適正化のための措置等を講ずる

良好な居住環境を備えた賃貸住宅の安定的な確保を図り、もって国民生活の安定向上および国民経済の発展に寄与する

2 賃貸住宅管理業に関する用語の定義

❶ 賃貸住宅とは

賃貸住宅管理業法でいう賃貸「**住宅**」とは、**賃貸の用**に供する住宅で、**人の居住の用**に供する家屋または家屋の部分（マンションの一室等）をいいます。ただし、以下の人の生活の本拠として使用する目的**以外**の目的に使用されている住宅は、**対象外**となります。

■ 人の生活の本拠として使用する目的以外の目的となる住宅

❶ 旅館業法の許可を得て宿泊させている住宅
❷ 国家戦略特別区域法による住宅宿泊事業（民泊）を行っている住宅（**特区民泊**)
❸ 住宅宿泊事業法による**民泊**を行っている住宅

■ 賃貸「住宅」まとめ

住居・店舗等の複合用途の賃貸住宅	住居部分	人の生活の本拠として使用している	住宅に該当する
		人の生活の本拠として使用していない	住宅に該当しない
	店舗等部分		住宅に該当しない
ウィークリーマンション	旅館業として宿泊料を受け取って人を宿泊させている場合		住宅に該当しない
	旅館業に基づく営業を行っていない場合（施設の衛生上の維持管理責任が利用者にある場合等）		住宅に該当する
オフィスビル			住宅に該当しない

入居者を募集中の家屋等や募集前の家屋等であっても、それが賃貸借契約の締結が予定され、賃借することを目的とされる場合は、賃貸住宅に該当します。
また、家屋等が建築中である場合も、竣工後に借主を募集する予定で、居住の用に供することが明らかな場合は、賃貸住宅に該当します。

❷ 賃貸住宅管理業とは

賃貸住宅管理業とは、賃貸住宅の貸主から委託を受けて、**管理業務**を行う事業をいいます。

管理業務は、以下のものが該当します。

❶ 維持保全業務	委託に係る賃貸住宅の維持保全（住宅の居室およびその他の部分について、点検・清掃その他の**維持**を行い、必要な**修繕**を行うこと）を行う業務 ⚠️ ❶維持保全業務は、点検・清掃等の維持と必要な修繕を一貫して行う必要がある ・維持・修繕のいずれか**一方のみ**を行う場合 ・エレベーター等の設備の保守点検・修繕業者等が、賃貸住宅の「**部分**等のみ」について維持・修繕を行う場合等 ・入居者からの苦情対応のみを行い**維持・修繕を行っていない場合** 　｝維持保全業務に**該当しない**
❷ 家賃等の管理業務	❶の維持保全業務と**併せて**、家賃、敷金、共益費その他の金銭の管理を行う業務 ⚠️ サブリース業者が入居者から家賃等を貸主として受領することは「家賃、敷金、共益費その他の金銭」には含まれません

賃貸住宅の貸主のために当該維持保全に係る契約の締結の媒介、取次ぎまたは代理を行う業務を含みます。

3 賃貸住宅管理業の登録

❶ 賃貸住宅管理業者

賃貸住宅管理業の**登録**を受けて賃貸住宅管理業を営む者をいいます。

❷ 賃貸住宅管理業者の登録申請

賃貸住宅管理業を営もうとする者は、**国土交通大臣の登録**を受けなければなりません。ただし、賃貸住宅管理業に係る**賃貸住宅の戸数が200戸未満**であるときは、**登録不要**です。そして、登録を受けようとする者は、次に掲げる事項を記載した申請書を国土交通大臣に提出しなければなりません。

■登録申請書の記載事項

❶	商号、名称または氏名および住所
❷	法人である場合においては、その役員の氏名
❸	未成年者である場合においては、その法定代理人の氏名および住所（法定代理人が法人である場合にあっては、その商号または名称および住所並びにその役員の氏名）
❹	営業所または事務所の名称および所在地

❸ 登録の拒否

国土交通大臣は、登録を受ける者が、次の**登録拒否事由**に該当するとき、または申請書や添付書類の重要な事項に**虚偽の記載**があったり、**記載の欠落**があるときは、**登録を拒否**しなければなりません。

❶	心身の故障により賃貸住宅管理業を的確に遂行することができない者
❷	破産手続開始の決定を受けて復権を得ない者
❸	以下の事由により登録を取り消され、その取消しの日から**5年**を経過しない者 ア）登録拒否事由に該当した イ）不正の手段で登録を受けた ウ）賃貸住宅管理業に関し法令・業務停止処分命令・業務改善命令に違反した エ）賃貸住宅管理業者が登録を受けてから**1年**以内に業務を開始しない オ）引き続き**1年**以上業務を行っていない

19

❹	上記❸により登録を取り消された者が法人の場合は、取消日前**30日**以内にその法人の役員だった者で取消しの日から**5年**を経過しないもの
❺	**禁錮**以上の刑に処せられ、その執行を終わり、または執行を受けることがなくなった日から起算して**5年**を経過しない者
❻	**賃貸住宅管理業法**の規定により**罰金**の刑に処せられ、その執行を終わり、または執行を受けることがなくなった日から起算して**5年**を経過しない者
❼	暴力団員または暴力団員でなくなった日から**5年**を経過しない者（暴力団員等）
❽	賃貸住宅管理業に関し不正または不誠実な行為をするおそれがあると認めるに足りる相当の理由がある者
❾	営業に関し成年者と同一の行為能力を有しない未成年者でその法定代理人が上記❶〜❽のいずれかに該当するもの
❿	法人で、その役員のうちに上記❶〜❽までのいずれかに該当する者があるもの
⓫	暴力団員等がその事業活動を支配する者
⓬	賃貸住宅管理業を遂行するために必要と認められる財産的基礎を有しない者
⓭	営業所または事務所ごとに業務管理者を確実に選任すると認められない者

■ ❹の「取消日前30日以内に法人の役員だった者」

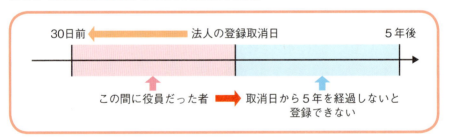

ひとこと

❺と❻の違いですが、❺は禁錮以上の刑（禁錮・懲役・死刑）に該当すれば、どの法律に違反したかは問われません。これに対し、罰金は「賃貸住宅管理業法」に違反した場合に限定されています。

❹ 登録の実施

国土交通大臣は、賃貸管理業の登録の申請があったときは、登録を拒否する場合を除き、以下の事項を賃貸住宅管理業者登録簿に登録しなければなりません。

❶	商号、名称または氏名および住所
❷	法人である場合においては、その役員の氏名
❸	未成年者である場合においては、その法定代理人の氏名および住所（法定代理人が法人である場合にあっては、その商号または名称および住所並びにその役員の氏名）
❹	営業所または事務所の名称および所在地
❺	登録年月日および登録番号

❺ 登録の有効期間と更新

登録の有効期間は**5年間**です。また、有効期間満了後も引き続き登録を受ける場合は、次の更新手続が必要となります。

更新の申請期間	有効期間の満了の日の**90日**前から**30日**前までの間
更新後の有効期間	従前の登録の有効期間満了日の**翌日**から起算して**5年**間
更新の申請をしたにもかかわらず、有効期間の満了日までに登録がされない場合	従前の登録は、登録の有効期間の満了後もその処分がされるまでの間は有効。 ⚠ この場合も、更新後の有効期間は、従前の登録の有効期間満了日の**翌日**から起算する

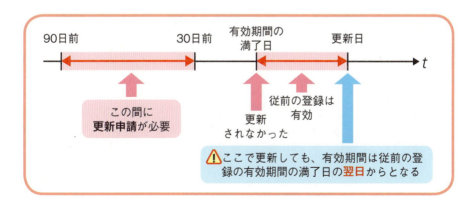

❻ 変更の届出

　賃貸住宅管理業者は、登録事項に変更があったときは、その日から**30日以内**に、その旨を国土交通大臣に届け出る必要があります。

❼ 廃業等の届出

　賃貸住宅管理業者が次の事由に該当する場合、届出義務者は、その日（**死亡**の場合は、死亡の事実を**知った日**）から**30日以内**に、**国土交通大臣に届け出**なければなりません。

	事由	届出義務者	届出期間
個人の場合	死亡したとき	相続人	死亡の事実を知った日から30日以内
法人の場合	合併により消滅したとき	消滅した法人を代表する役員であった者	その日から30日以内
	破産手続開始の決定により解散したとき	破産管財人	
	合併および破産手続開始の決定以外の理由により解散したとき	清算人	
個人・法人で共通	賃貸住宅管理業を廃止したとき	① 賃貸住宅管理業者であった個人 ② 賃貸住宅管理業者であった法人を代表する役員	

CHAPTER 1　賃貸住宅管理業者・賃貸不動産経営管理士

Section 4　賃貸住宅管理業者の業務上の義務

重要度 A

このSectionのポイント

- ◆ 業務管理者の選任 …… 営業所ごとに1人の業務管理者が必要です。
- ◆ 帳簿の保存 ………… 帳簿は、各事業年度の末日をもって閉鎖し、閉鎖後5年間保存しなければなりません。
- ◆ 委任者への定期報告 … 管理受託契約を締結した日から1年を超えない期間ごとに管理業務報告書を作成し、これを委託者に交付して説明しなければなりません。

1　賃貸住宅管理業者の業務上の義務

❶ 標識の掲示

　賃貸住宅管理業者は、**営業所等**ごとに、公衆の見やすい場所に、国土交通省令で定める様式の<u>標識</u>を掲げなければなりません。

標　識

賃貸住宅管理業者登録票			
登　録　番　号	国土交通大臣（　　）第　　　号		
登　録　年　月　日	年　　　月　　　日		
登　録　有　効　期　間	年　　月　　日から 年　　月　　日まで		
商号、名称または氏名			
主たる営業所または 事務所の所在地	電話番号　（　　）		

←──── 30cm以上 ────→　　25cm以上

23

❷ 従業者証明書の携帯等

賃貸住宅管理業者は、業務に従事する使用人その他の従業者に、その従業者であることを証する証明書（**従業者証明書**）を**携帯**させなければ、その者をその業務に従事させてはなりません。また、賃貸住宅管理業者の使用人その他の従業者は、その業務を行うに際し、委託者その他の関係者から**請求があったとき**は、従業者証明書を**提示**しなければなりません。

❸ 帳簿の備付け等

賃貸住宅管理業者は、営業所等ごとに、その業務に関する**帳簿**を備え付け、委託者ごとに管理受託契約について以下の事項を記載しなければなりません。また、帳簿は、各事業年度の末日をもって閉鎖し、閉鎖後**5年間**保存しなければなりません。

■ 帳簿の記載事項

❶	管理受託契約を締結した年月日
❷	管理受託契約を締結した委託者の商号、名称または氏名
❸	契約の対象となる賃貸住宅
❹	受託した管理業務の内容
❺	報酬の額
❻	管理受託契約における特約その他参考となる事項

> **ひとこと**
> 電子計算機（コンピュータ）に備えられたファイル等に記録され、必要に応じ賃貸住宅管理業者の営業所等で電子計算機等を用いて明確に紙面に表示されるときは、当該記録を帳簿への記載に代えることができます。

❹ 財産の分別管理

賃貸住宅管理業者は、管理受託契約に基づく管理業務において受領する**家賃、敷金、共益費その他の金銭**を、整然と管理する方法として国土交通省令で定める方法により、**自己**の固有財産および**他**の管理受託契約に基づく管理業務において

受領する**家賃、敷金、共益費その他の金銭**と**分別**して**管理**しなければならない。

❺ 委託者への定期報告

　賃貸住宅管理業者は、以下の事項につき、**定期的**に、**委託者**に**報告**しなければなりません（定期報告）。この定期報告をするときは、管理受託契約を締結した日から**1年**を超えない**期間ごと**に、および**管理受託契約の期間の満了後**遅滞なく、当該期間における管理受託契約に係る管理業務の状況について以下の事項を記載した**管理業務報告書**を作成し、これを委託者に交付して説明しなければなりません。

> ❶ 報告の対象となる期間
> ❷ 管理業務の実施状況
> ❸ 管理業務の対象となる賃貸住宅の入居者からの苦情の発生状況および対応状況

❻ その他の業務上の義務

業務処理の原則	賃貸住宅管理業者は、信義を旨とし、誠実にその業務を行わなければならない
名義貸しの禁止	賃貸住宅管理業者は、自己の名義をもって、他人に賃貸住宅管理業を営ませてはならない
管理業務の再委託の禁止	賃貸住宅管理業者は、委託者から委託を受けた管理業務の**全部**を他の者に対し、再委託してはならない ⚠ ● 管理受託契約に管理業務の一部の再委託に関する定めがあるときは、一部の再委託を行うことができる ● 自らで再委託先の指導監督を行わず、全てについて他者に再委託すること、または、管理業務を複数の者に分割して再委託し自らは管理業務を一切行わないことは、再委託の禁止に違反する
秘密を守る義務	● 賃貸住宅管理業者は、**正当な理由がある場合**でなければ、その業務上取り扱ったことについて知り得た秘密を他に漏らしてはならない ● 賃貸住宅管理業を営まなくなった後においても、同様とする ● 賃貸住宅管理業者の代理人、使用人その他の従業者は、正当な理由がある場合でなければ、賃貸住宅管理業の業務を補助したことについて知り得た秘密を他に漏らしてはならない

- 賃貸住宅管理業者の代理人、使用人その他の従業者でなくなった後においても、同様とする

2 業務管理者の設置義務

❶ 業務管理者の選任

　賃貸住宅管理業者は、その**営業所等ごと**に、**1人**以上の**業務管理者**を選任しなければなりません。なお、業務管理者は、**他の営業所等**の**業務管理者となること**が**できません**。

❷ 管理受託契約締結の禁止

　賃貸住宅管理業者は、営業所等の業務管理者として選任した全ての者が前述Section❸❸ **登録拒否事由の❶～❾に該当**するか、または選任した者の**全てが欠けたとき**は、新たに業務管理者を選任するまでの間は、その営業所等において**管理受託契約を締結できません**。

❸ 業務管理者の資格

　業務管理者は、**登録拒否事由の❶～❾に該当しない者**で、賃貸住宅管理業者の営業所等における業務に関し下記❹**管理・監督**に関する事務を行うのに**必要な知識・能力を有する者**として賃貸住宅管理業に関する以下の要件を備えるものでなければなりません。

- 管理業務に関し**2年**以上の実務の経験を有する者
  または
- 国土交通大臣がその実務の経験を有する者と**同等以上の能力**を有すると認めた者（講習修了者）

- 登録証明事業による**証明**を受けている者（賃貸不動産経営管理士試験合格者）
  または
- 宅地建物取引士で、国土交通大臣が指定する管理業務に関する実務についての**講習**を修了した者

❹ 業務管理者の管理・監督に関する事務

賃貸住宅管理業者は、業務管理者に、営業所等における業務に関し、管理受託契約の内容の明確性、管理業務として行う賃貸住宅の維持保全の実施方法の妥当性その他の賃貸住宅の入居者の居住の安定・賃貸住宅の賃貸に係る事業の円滑な実施を確保するために必要な以下の事項についての**管理・監督に関する業務**を行わせなければなりません。

■ 管理・監督に関する業務

❶	管理受託契約の重要事項説明の書面の交付および説明に関する事項
❷	管理受託契約の契約締結時の書面の交付に関する事項
❸	管理業務として行う賃貸住宅の維持保全の実施に関する事項および賃貸住宅に係る家賃、敷金、共益費その他の金銭の管理に関する事項
❹	帳簿の備付け等に関する事項
❺	定期報告に関する事項
❻	秘密の保持に関する事項
❼	賃貸住宅の入居者からの苦情の処理に関する事項
❽	賃貸住宅の入居者の居住の安定および賃貸住宅の賃貸に係る事業の円滑な実施を確保するため必要な事項として国土交通大臣が定める事項

CHAPTER 1　賃貸住宅管理業者・賃貸不動産経営管理士

Section 5　重要事項の説明義務

重要度 A

このSectionのポイント

◆ 重要事項の説明　……………… 賃貸住宅管理業者は、管理受託契約の締結前に、貸主に対し重要事項の説明をしなければなりません。

◆ 重要事項の説明をする者 …… 業務管理者でなくても説明できます。

◆ 契約の更新と重要事項説明 … 当初の契約と異なる内容で更新する場合、重要事項の説明が必要となります。

1　重要事項の説明義務

　賃貸住宅管理業者は、**管理受託契約の締結前**に、管理業務を委託しようとする賃貸住宅の貸主に対し、管理受託契約の内容およびその履行に関する重要事項について、重要事項説明書を交付して説明しなければなりません。

❶ 説明をする時期	契約の締結前までに説明する ⚠ 説明から契約締結までに1週間程度の期間をおくことが望ましい
❷ 説明をする者	業務管理者でなくても説明できる 一定の実務経験を有する者や賃貸不動産経営管理士によって行われることが望ましい（任意）
❸ 説明の相手方	賃貸住宅の貸主（物件のオーナー）
❹ 重要事項説明書の交付の方法	原則　書面を交付する 例外　貸主の承諾があれば、電磁的方法で提供可能

> **ひとこと**
> 賃貸住宅管理業者である者その他の管理業務に係る専門的知識および経験を有すると認められる賃貸住宅管理業者、特定転貸業者、宅地建物取引業者等には説明不要です。

■ 重要事項の説明事項

❶	管理受託契約を締結する賃貸住宅管理業者の商号、名称または氏名並びに登録年月日および登録番号
❷	管理業務の対象となる賃貸住宅
❸	管理業務の内容および実施方法
❹	報酬の額並びにその支払の時期および方法
❺	報酬に含まれていない管理業務に関する費用であって、賃貸住宅管理業者が通常必要とするもの
❻	管理業務の一部の再委託に関する事項
❼	責任および免責に関する事項
❽	委託者への報告に関する事項
❾	契約期間に関する事項
❿	賃貸住宅の入居者に対する管理業務の内容および実施方法の周知に関する事項
⓫	管理受託契約の更新および解除に関する事項

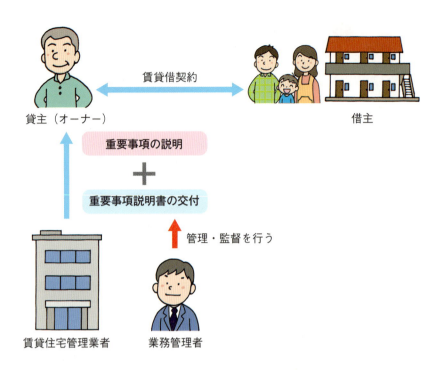

2 契約更新時の重要事項説明

賃貸住宅管理業者が管理受託契約を当初の契約と**異なる内容で更新する**場合、改めて重要事項説明書の交付および重要事項の説明をする必要があります。

■当初の契約と異なる内容になるか否かの判断

●重要事項説明の説明事項が当初の契約と異なる場合	重要事項説明等が必要
❶契約の同一性を保ったままで契約期間のみを延長した ❷組織運営に変更のない商号または名称等を変更した	当初の契約と同一の内容となる ⇒重要事項説明等は不要
●貸主が変更した場合	貸主の地位が移転することを認識した後、遅滞なく、新たな貸主に重要事項説明等をする必要がある

3 ITによる重要事項説明

賃貸住宅管理業者は、以下の要件を満たす場合、重要事項説明書に記載すべき事項を電磁的方法（テレビ会議等）により提供することができます（ITによる重説）。

❶ 重要事項説明を受ける相手方の承諾を得ていること
❷ 説明者および相手方が図面等の書類および説明の内容について十分に理解できる程度に映像が視認でき、かつ、双方が発する音声を十分に聞き取ることができるとともに、双方向でやりとりできる環境において実施していること
❸ 相手方が承諾した場合を除き、重要事項説明書および添付書類をあらかじめ送付していること
❹ 相手方が、重要事項説明書および添付書類を確認しながら説明を受けることができる状態にあること並びに映像および音声の状況について、特定転貸事業者が重要事項の説明を開始する前に確認していること

> **ひとこと**
> 映像が視認でき、かつ、音声が十分に聞き取れないといけないので、電話やメールでの重要事項説明は、認められていません。

CHAPTER 1　賃貸住宅管理業者・賃貸不動産経営管理士

Section 6 管理受託契約の締結時の書面の交付

重要度 A

このSectionのポイント

◆ 管理受託契約の締結時の書面の交付
…… 管理受託契約を締結したときは、貸主（委託者）に対し、遅滞なく、管理受託契約締結時の書面を交付しなければなりません。

◆ 電磁的方法による交付 …… 貸主の承諾があれば、管理受託契約締結時の書面を電磁的方法によって提供することができます。

1　管理受託契約の締結時の書面の交付

　賃貸住宅管理業者は、**管理受託契約を締結した**ときは、管理業務を委託する賃貸住宅の貸主（委託者）に対し、遅滞なく、以下の事項を記載した書面（**管理受託契約締結時の書面**）を交付しなければなりません。

❶	管理業務の対象となる賃貸住宅
❷	管理業務の実施方法
❸	契約期間に関する事項
❹	報酬に関する事項
❺	契約の更新または解除に関する定めがあるときは、その内容
❻	管理受託契約を締結する賃貸住宅管理業者の商号、名称または氏名並びに登録年月日および登録番号
❼	管理業務の内容
❽	管理業務の一部の再委託に関する定めがあるときは、その内容
❾	責任および免責に関する定めがあるときは、その内容

32

| ⑩ | 委託者への報告に関する事項 |
| ⑪ | 賃貸住宅の入居者に対する管理業務の実施方法および管理業務の実施方法の周知に関する事項 |

ひとこと

契約締結時の書面についても、貸主の承諾があれば、電磁的方法による提供ができます。

2 管理受託契約の更新時の書面の交付

賃貸住宅管理業者が管理受託契約を当初の契約と**異なる**内容で更新する場合、再度、管理受託契約締結時の書面の交付をする必要があります。異なる内容になるか、同一内容になるかの判断は、重要事項説明と同じです。

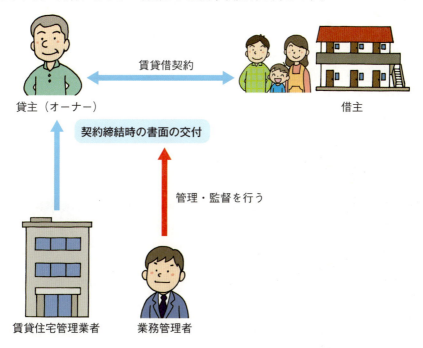

CHAPTER 1　賃貸住宅管理業者・賃貸不動産経営管理士

Section 7　賃貸住宅管理業者に対する監督処分

重要度 B

このSectionのポイント

◆ 業務改善命令 …… 国土交通大臣は、賃貸住宅管理業者に対し、業務の方法の変更等を命ずることができます。

◆ 業務登録の取消し等に伴う業務の結了
…… 登録が取り消されても、管理受託契約に基づく業務を結了する目的の範囲内においては、なお賃貸住宅管理業者とみなされます。

1　業務改善命令

　国土交通大臣は、賃貸住宅管理業の**適正な運営**の確保のため必要があるときは、必要な限度で、賃貸住宅管理業者に対し、**業務の方法の変更**その他**業務の運営の改善**に必要な措置をとるべきことを命ずることができます。

2　報告徴収および立入検査

　国土交通大臣は、賃貸住宅管理業の**適正な運営**の確保のため必要があるときは、賃貸住宅管理業者に対し、以下の**報告徴収等**をすることができます。

❶ 業務に関し報告を求める（報告徴収）
❷ 職員に、賃貸住宅管理業者の営業所等に立ち入らせ、業務の状況、設備・帳簿書類その他の物件を検査させる
❸ 職員に、関係者に質問させる

> **ひとこと**
> 立入検査をする職員は、その身分を示す証明書を携帯し、関係者に提示しなければなりません。また、立入検査の権限は、犯罪捜査のために認められたものではありません。

3 登録の取消し等

　国土交通大臣は、賃貸住宅管理業者が次の事由に該当するときは、以下の処分ができます。

処分の種類	① 賃貸住宅管理業の登録の取消し ② 業務停止命令（1年以内）
取消し等の該当事由	① 賃貸住宅管理業の登録拒否事由に該当した ② 不正の手段で登録を受けた ③ 賃貸住宅管理業に関し法令または業務改善命令・業務停止命令に違反した

4 業務を開始しない場合等の登録取消し

　国土交通大臣は、賃貸住宅管理業者が登録を受けてから**1年以内に業務を開始せず**、または**引き続き1年以上業務を行っていない**と認めるときは、その登録を取り消すことができます。

5　登録の抹消と監督処分の公告

登録の抹消	①登録の更新をしなかったとき ②登録が失効したとき ②登録を取り消されたとき	国土交通大臣は登録を抹消しなければならない
監督処分の公告	国土交通大臣は、登録取消処分をしたときは、その旨を公告しなければならない	

6　登録の取消し等に伴う業務の結了

　以下の❶～❸の場合、当該登録に係る賃貸住宅管理業者であった者またはその一般承継人（相続人や合併した会社等）は、賃貸住宅管理業者が締結した管理受託契約に基づく業務を結了する目的の範囲内においては、なお賃貸住宅管理業者とみなされます。

❶ 登録の更新をしなかったとき
❷ 登録が失効したとき
❸ 登録が取り消されたとき

Section 8 特定賃貸借契約等

CHAPTER 1　賃貸住宅管理業者・賃貸不動産経営管理士

このSectionのポイント

- ◆ **特定賃貸借契約** …… 賃貸住宅の賃貸借契約で、借主が当該賃貸住宅を第三者に転貸する事業を営むことを目的として締結されるもの（サブリース事業）をいいます。
- ◆ **特定転貸事業者** …… 特定賃貸借契約に基づき賃借した賃貸住宅を第三者に転貸する事業を営む者です。

1 特定賃貸借契約とは

特定賃貸借契約とは、賃貸住宅の賃貸借契約で、借主が当該賃貸住宅を第三者に**転貸する事業**を営むことを目的として締結されるもの（**サブリース契約**）をいいます。サブリースの際に、借主である事業者の貸主（物件オーナー）への説明が不十分なため、トラブルになるケースがあるので、事業者には、一定の義務が課されています。

なお、以下の場合は、特定賃貸借契約には**該当しません**。

❶ **一時的**に第三者に転貸するような場合
❷ 借主が人的関係、資本関係その他の関係において**貸主と密接な関係を有する者**の場合

ひとこと

密接な関係を有する者には、貸主の親族（6親等内の血族、配偶者および3親等内の姻族）・貸主やその親族が役員である法人・貸主が会社である場合の子会社・親会社等が該当します。

37

2 特定転貸事業者

特定転貸事業者とは、特定賃貸借契約に基づき賃借した賃貸住宅を第三者に転貸する事業を営む者（サブリース業者）をいいます。

ひとこと

社宅代行業者（転貸人）が企業（転借人）との間で賃貸借契約を締結し、当該企業が、転貸人から賃借した家屋等にその従業員等を入居させる、いわゆる借上社宅は、特定転貸事業者に該当しません。
これに対し、社宅代行業者が、所有者から賃借した物件を、企業に転貸することは、特定転貸事業者に該当します。

3 勧誘者等とは

勧誘者等とは、特定転貸事業者と関連性を有し、特定賃貸借契約の締結についての勧誘を行わせる者をいいます。具体的には、以下の場合が該当します。

❶ 建設会社、不動産業者、金融機関等やファイナンシャルプランナー、コンサルタント等が、特定転貸事業者から勧誘の委託を受けて、マスターリース契約を前提とした資産運用の企画提案を行ったり、マスターリース契約を締結することを勧めたりする場合
❷ 建設業者や不動産業者が、自社の親会社、子会社、関連会社のサブリース業者のマスターリース契約を説明したり、マスターリース契約を結ぶことを勧めたりする場合
❸ 建設業者が、賃貸住宅のオーナーとなろうとする者が保有する土地や購入しようとしている土地に賃貸住宅の建設を行う企画の提案の際に、顧客を勧誘する目的で特定転貸事業者が作成したマスターリース契約を説明する資料等を使って、賃貸事業計画を説明したり、マスターリース契約を結ぶことを勧めたりする場合
❹ 不動産業者が、賃貸住宅のオーナーとなろうとする者に対し、賃貸住宅やその土地等の購入を勧誘する際に、顧客を勧誘する目的で特定転貸事業者が作成したマスターリース契約を説明する資料等を使って説明したり、当該マスターリース契約を結ぶことを勧めたりする場合

❺ 賃貸住宅のオーナーが、賃貸住宅のオーナーとなろうとする者に対し、自己の物件についてマスターリース契約を結んでいるサブリース業者等特定のサブリース業者から、紹介料等の金銭を受け取り、当該特定転貸事業者とマスターリース契約を結ぶことを勧めたり、当該マスターリース契約の内容や条件等を説明したりする場合

ひとこと

特定転貸事業者から委託を受けて勧誘を行う者だけでなく、明示的に勧誘を委託されてはいませんが、特定転貸事業者から勧誘を行うよう依頼をされている者や、勧誘を任されている者は勧誘者に該当します。また、依頼の形式は問わず、資本関係も問いません。

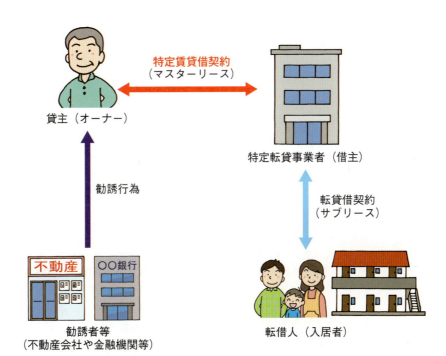

Section 9 特定賃貸借契約の適正化のための措置等

CHAPTER 1 賃貸住宅管理業者・賃貸不動産経営管理士

重要度 A

このSectionのポイント

- ◆ **誇大広告等の禁止** …… 特定転貸事業者だけでなく、勧誘者も誇大広告等の禁止義務を負います。
- ◆ **不当な勧誘等の禁止** … 特定賃貸借契約締結の際に故意に事実を告げず・不実のことを告げる行為は禁止されます。
- ◆ **書類の閲覧** ………… 特定転貸事業者の業務および財産の状況を記載した書類を営業所等に備え置き、閲覧させる義務があります。

1 誇大広告等の禁止

　特定転貸事業者または勧誘者（特定転貸事業者等）は、以下の事項について、著しく事実に相違する表示をし、または実際のものよりも著しく優良であり、もしくは有利であると人を誤認させるような表示（誇大広告等）をしてはなりません。

誇大広告等をしてはならない事項	内容
❶ 特定賃貸借契約の相手方に支払う**家賃の額**、**支払期日**および**支払方法**等の賃貸の条件並びにその変更に関する事項	特定転貸事業者が貸主に支払うべき家賃の額、支払期日およびその支払い方法、当該額の見直しがある場合はその見直しの時期、家賃の**減額請求権**および**利回り**等
❷ 賃貸住宅の**維持保全**の実施方法	特定転貸事業者が行う賃貸住宅の**維持保全**の内容、頻度、実施期間等
❸ 賃貸住宅の維持保全に要する**費用の分担**に関する事項	維持保全の費用を負担する者および当該費用に関する特定転貸事業者と貸主の負担割合等
❹ 特定賃貸借契約の**解除**に関する事項	契約期間、契約の**更新時期**および**更新拒絶**等の要件等

40

ひとこと
特定転貸事業者が特定賃貸借契約の締結についての勧誘を行わせる者を勧誘者といいます。特定賃貸借契約のメリットを強調して締結の意欲を高める場合も勧誘に含まれますが、契約の内容や条件等に触れずに単に事業者を紹介する行為は、勧誘に含まれません。

2 不当な勧誘等の禁止

特定転貸事業者等は、不当な勧誘行為として、次の行為をしてはなりません。

❶	特定賃貸借契約の締結の勧誘の際、特定賃貸借契約の解除を妨げるため、特定賃貸借契約の相手方・相手方となろうとする者（物件のオーナー：相手方等）に対し、当該特定賃貸借契約に関する事項で特定賃貸借契約の相手方等の判断に影響を及ぼすこととなる重要なものにつき、**故意**に事実を告げず・**不実**のことを告げる行為
❷	特定賃貸借契約を締結・更新させ、または特定賃貸借契約の申込みの撤回・解除を妨ぐため、特定賃貸借契約の相手方等を**威迫**する行為
❸	特定賃貸借契約の締結または更新について相手方等に迷惑を覚えさせるような時間に電話または訪問により勧誘する行為
❹	特定賃貸借契約の締結または更新について深夜または長時間の勧誘その他の私生活または業務の平穏を害するような方法により相手方等を困惑させる行為
❺	特定賃貸借契約の締結または更新をしない旨の意思（当該契約の締結または更新の勧誘を受けることを希望しない旨の意思を含む）を表示した相手方等に対して執ように勧誘する行為

ひとこと
当該者の判断に影響を及ぼすこととなる重要なものについて事実の不告知・不実告知があれば不当な勧誘行為に該当し、実際に契約が締結されたか否かは問いません。

3 書類の閲覧

　特定転貸事業者は、当該特定転貸事業者の**業務および財産の状況を記載した書類**（電磁的方法も可）を、特定賃貸借契約に関する業務を行う営業所または事務所に備え置き、特定賃貸借契約の相手方または相手方となろうとする者（物件のオーナー）の求めに応じ、閲覧させなければなりません。

■ 特定転貸事業者の業務および財産の状況を記載した書類

備え置く時期	事業年度ごとに当該事業年度経過後**3ヵ月**以内に作成し、遅滞なく営業所または事務所ごとに備え置く
備え置く期間	営業所または事務所に備え置かれた日から起算して**3年**を経過する日までの間、当該営業所または事務所に備え置く

> **ひとこと**
> 業務状況調書、貸借対照表および損益計算書、有価証券報告書や外資系企業が作成する同旨の書面、商法上作成が義務付けられる商業帳簿等が備え置きの対象となります。

Section 10 特定賃貸借契約の重要事項の説明

CHAPTER 1　賃貸住宅管理業者・賃貸不動産経営管理士

重要度 A

このSectionのポイント

◆ 特定賃貸借契約の重要事項説明
　…… 特定転貸事業者は、特定賃貸借契約を締結する前に、貸主に対し、重要事項説明書を交付して説明しなければなりません。

◆ 説明事項 …… 特定賃貸借契約の相手方に支払う家賃の額、支払期日および支払方法等の賃貸の条件並びにその変更に関する事項等を説明しなければなりません。

1　特定賃貸借契約の重要事項説明

　特定転貸事業者は、**特定賃貸借契約を締結する前**に、特定賃貸借契約の相手方となろうとする者（貸主）に対し、**特定賃貸借契約の内容およびその履行に関する事項**について、**重要事項説明書**を**交付**して**説明**しなければなりません。

ひとこと

特定転貸事業者、宅建業者、特定目的会社等専門的知識および経験を有すると認められる者として国土交通省令で定めるものには、書面を交付して説明をする必要がありません。

■ 特定賃貸借契約の締結前の書面の交付方法等

❶ 説明をする時期	契約の**締結前**までに説明する ⚠ 説明から契約締結までに1週間程度の期間をおくことが望ましい
❷ 説明をする者	業務管理者でなくても**説明できる** 一定の実務経験を有する者や賃貸不動産経営管理士によって行われることが望ましい（任意）

43

❸ 説明の相手方	特定賃貸借契約の相手方となろうとする者（物件のオーナー）
❹ 交付の方法	**原則** 書面を交付する **例外** 相手方（貸主）の承諾があれば、電磁的方法で提供可能

■ 説明事項

❶	特定賃貸借契約を締結する特定転貸事業者の商号、名称または氏名および住所
❷	特定賃貸借契約の対象となる賃貸住宅
❸	特定賃貸借契約の相手方に支払う家賃の額、支払期日および支払方法等の賃貸の条件並びにその変更に関する事項
❹	特定転貸事業者が行う賃貸住宅の維持保全の実施方法
❺	特定転貸事業者が行う賃貸住宅の維持保全に要する費用の分担に関する事項
❻	特定賃貸借契約の相手方に対する維持保全の実施状況の報告に関する事項
❼	損害賠償額の予定または違約金に関する事項
❽	責任および免責に関する事項
❾	契約期間に関する事項
❿	転借人の資格その他の転貸の条件に関する事項
⓫	転借人に対する❹の事項の周知に関する事項
⓬	特定賃貸借契約の更新および解除に関する事項
⓭	特定賃貸借契約が終了した場合における特定転貸事業者の権利義務の承継に関する事項
⓮	借地借家法その他特定賃貸借契約に係る法令に関する事項の概要

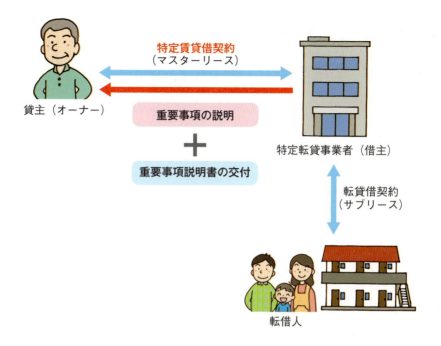

2 特定賃貸借契約の更新等に際しての重要事項説明

　特定転貸事業者が特定賃貸借契約を従前と**異なる**内容で更新する場合、改めて重要事項説明書の交付および重要事項説明が必要です。従前と同一の内容で更新する場合は、重要事項説明書の交付および重要事項説明は不要です。

3 ITによる重要事項説明

　特定転貸事業者は、管理受託契約の場合と同様、重要事項説明書に記載すべき事項を電磁的方法により提供することができます。

Section 11 特定賃貸借契約の締結時の書面の交付

CHAPTER 1　賃貸住宅管理業者・賃貸不動産経営管理士

重要度 A

このSectionのポイント

◆ 特定賃貸借契約の締結時の書面
　…… 特定転貸事業者は、特定賃貸借契約を締結したときは貸主に対し、遅滞なく、特定賃貸借契約の締結時の書面を交付しなければなりません。

◆ 特定賃貸借契約の締結時の書面の記載事項
　…… 契約の更新または解除には、その定めがあるときは、その内容を記載します。

1　特定賃貸借契約の締結時の書面の交付義務

　特定転貸事業者は、**特定賃貸借契約を締結した**ときは、特定賃貸借契約の相手方（貸主）に対し、遅滞なく、以下の事項を記載した書面（特定賃貸借契約の締結時の書面）を交付しなければなりません。

■ 特定賃貸借契約の締結時の書面の記載事項

❶	特定賃貸借契約の対象となる賃貸住宅
❷	特定賃貸借契約の相手方に支払う家賃その他賃貸の条件に関する事項
❸	特定転貸事業者が行う賃貸住宅の維持保全の実施方法
❹	契約期間に関する事項
❺	転借人の資格その他の転貸の条件に関する事項
❻	契約の更新または解除に関する定めがあるときは、その内容
❼	特定賃貸借契約を締結する特定転貸事業者の商号、名称または氏名および住所
❽	特定転貸事業者が行う賃貸住宅の維持保全に要する費用の分担に関する事項

46

⑨	特定賃貸借契約の相手方に対する維持保全の実施状況の報告に関する事項
⑩	損害賠償額の予定または違約金に関する定めがあるときは、その内容
⑪	責任および免責に関する定めがあるときは、その内容
⑫	転借人に対する特定転貸事業者が行う賃貸住宅の維持保全の実施方法の周知に関する事項
⑬	特定賃貸借契約が終了した場合における特定転貸事業者の権利義務の承継に関する事項

ひとこと
特定賃貸借契約の締結時の書面も相手方の承諾があれば、電磁的方法で提供することも可能です。

2 特定賃貸借契約の更新に際しての締結時書面の交付

　特定転貸事業者が特定賃貸借契約を従前と異なる内容で更新する場合、締結時書面を交付しなければなりません。

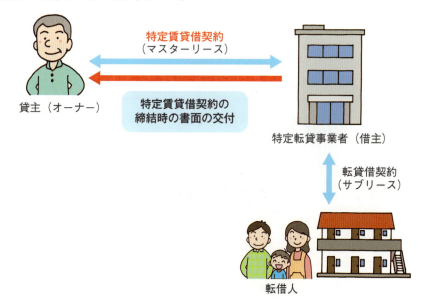

Section 12 特定転貸事業者等に対する監督処分等

CHAPTER 1　賃貸住宅管理業者・賃貸不動産経営管理士

重要度 B

このSectionのポイント

- ◆ <u>指示処分</u>……特定転貸事業者だけでなく、勧誘者に対しても、当該違反の是正のための措置その他の必要な措置をとるように指示することができます。
- ◆ <u>国土交通大臣に対する申出</u>
  ……何人も、特定賃貸借契約の適正化を図るため必要があると認めるときは、国土交通大臣に対し、その旨を申し出て、適当な措置をとるべきことを求めることができます。

1 報告徴収および立入検査

　国土交通大臣は、特定賃貸借契約の適正化を図るため必要があると認めるときは、特定転貸事業者等に対し、以下の**報告徴収等**をすることができます。

> ❶ 業務に関し報告を求める（報告徴収）
> ❷ 職員に、特定転貸事業者の営業所等に立ち入らせ、業務の状況、設備・帳簿書類その他の物件を検査させる
> ❸ 職員に、関係者に質問させる

ひとこと

立入検査をする職員は、その身分を示す証明書を携帯し、関係者に提示しなければなりません。また、立入検査の権限は、犯罪捜査のために認められたものではありません。

2 指示処分

　国土交通大臣は、以下の場合で、特定賃貸借契約の適正化を図るため必要があると認めるときは、その特定転貸事業者や勧誘者に対し、当該違反の是正のための措置その他の必要な措置をとるように指示することができます。

- **特定転貸事業者**が① 誇大広告等の禁止、② 不当な勧誘等の禁止、③ 特定賃貸借契約の重要事項説明、④ 特定賃貸借契約の締結時の書面の交付、⑤ 書類の閲覧、の規定に違反した場合
- **勧誘者**が誇大広告等の禁止・不当な勧誘等の禁止の規定に違反した場合

ひとこと
国土交通大臣は、指示処分をしたときは、その旨を公表しなければならない。

3 特定賃貸借契約に関する業務の停止等

　国土交通大臣は、以下の場合で、特定賃貸借契約の適正化を図るため特に必要があると認めるときは、その特定転貸事業者に対し、1年以内の期間を限り、特定賃貸借契約の締結について勧誘を行わせることを停止し、またはその行う特定賃貸借契約に関する業務の全部もしくは一部を停止すべきことを命ずることができます。

- **特定転貸事業者**が① 誇大広告等の禁止、② 不当な勧誘等の禁止、③ 特定賃貸借契約の重要事項説明、④ 特定賃貸借契約の締結時の書面の交付、⑤ 書類の閲覧、の規定に違反した場合
- **勧誘者**が誇大広告等の禁止・不当な勧誘等の禁止の規定に違反した場合
- 特定転貸事業者が指示処分に従わないとき

国土交通大臣は、業務停止処分や勧誘の停止処分をしたときは、その旨を公表しなければなりません。

4 国土交通大臣に対する申出

　何人も、特定賃貸借契約の適正化を図るため必要があると認めるときは、国土交通大臣に対し、その旨を申し出て、**適当な措置**をとるよう求めることができます。この場合、国土交通大臣は、必要な調査を行い、その申出の内容が事実であると認めるときは、この法律に基づく措置その他適当な措置をとらなければなりません。

Section 13 罰則

CHAPTER 1　賃貸住宅管理業者・賃貸不動産経営管理士

重要度 B

このSectionのポイント

- **無登録営業等** …… 無登録営業や名義貸し等、登録せずに営業した場合は、1年以下の懲役もしくは100万円以下の罰金となります。
- **廃業等の届出をしなかった**
  …… 廃業等の届出をしなかった場合、20万円以下の過料（罰金ではないので刑罰ではない）となります。

1 罰則

罰則	該当する違反行為
1年以下の懲役もしくは100万円以下の罰金	● 無登録営業 ● 不正の手段による登録 ● 名義貸しの禁止に違反して他人に賃貸管理業を営ませた
6ヵ月以下の懲役もしくは50万円以下の罰金	● 業務停止命令に違反した ● 特定転貸事業者等が不当な勧誘等の禁止に違反し、故意に事実を告げずまたは不実のことを告げた ● 特定転貸事業者等が業務停止命令に違反した
50万円以下の罰金	● 特定転貸事業者が、重要事項説明義務に違反した ● 特定転貸事業者が、契約締結時の書面の交付義務に違反した
30万円以下の罰金	● 変更の届出をしなかった ● 虚偽の変更の届出をした ● 業務管理者を選任しなかった ● 業務管理者がいないのに管理受託契約を締結した ● 管理受託契約締結時に書面を交付しなかった、所定の事項が記載されていない書面・虚偽の記載のある書面を交付した

51

	● 従業者証明書の携帯・提示義務に違反した ● 標識の掲示義務に違反した ● 帳簿の備付け・保存義務に違反した ● 守秘義務に違反した ● 業務改善命令に違反した ● 報告徴収等の義務に違反した ● 特定転貸事業者等が、誇大広告等の禁止に違反した ● 特定転貸事業者等が、書類の閲覧に違反した ● 特定転貸事業者等が、指示処分に違反した
20万円以下の過料	● 廃業等の届出をしなかった ● 虚偽の廃業等の届出をした

CHAPTER 1　賃貸住宅管理業者・賃貸不動産経営管理士

Section 14　賃貸不動産経営管理士 倫理憲章

重要度 **A**

このSectionのポイント

- ◆ **倫理憲章** ……………… 賃貸不動産経営管理士の社会的地位の向上・社会的信用の確立と品位保持・**資質の向上**を図るためのものです。
- ◆ **公正と中立性** ………… 常に公正で中立な立場で職務を行わなければなりません。
- ◆ **能力を超える業務** …… 自らの能力や知識を超える業務を引き受けてはなりません。

1　「倫理憲章」とは

　賃貸不動産経営管理士は、賃貸不動産の所有者・居住者、投資家等のステークホルダー、および賃貸管理業界との間に確かな信頼関係を構築し、その社会的使命を全うしなければなりません。

　そのような重要な役割を持つ賃貸不動産経営管理士の社会的地位の向上・社会的信用の確立と品位保持・資質の向上を図るために、（一社）賃貸不動産経営管理士協議会によって「**賃貸不動産経営管理士 倫理憲章**」が制定されています。

2　「倫理憲章」の内容

出題　H27・28・29・30・R1・R2

　賃貸不動産経営管理士は、次のように、各々が高い自己規律に基づき、誠実公正な職務を遂行するとともに、依頼者の信頼に応えられる高度な業務倫理を確立しなければなりません。

遵守事項	内容
❶ 公共使命の自覚	賃貸不動産経営管理士の持つ「公共的使命」を常に自覚し、公正な業務を通して、**公共の福祉**に貢献すること
❷ 法令の遵守と信用の保持	関係する法令とルールを遵守し、賃貸不動産管理業に対する**社会的信用**を傷つけるような行為、および社会通念上好ましくないと思われる行為を厳に慎むこと
❸ 信義誠実の義務	信義に従い誠実に職務を執行することを旨とし、依頼者等に対し、重要な事項について**故意に告げず**、または**不実のことを告げる**行為を決して行わないこと ⚠️ 直接の依頼者だけでなく、他の関係者に対してもこの義務を負う
❹ 公正と中立性の保持	常に**公正**で**中立**な立場で職務を行い、万一紛争等が生じた場合は誠意をもって、その円満解決に努力すること
❺ 専門的サービスの提供および自己研鑽の努力	あらゆる機会を活用し、賃貸不動産管理業務に関する広範で高度な知識の習得に努め、不断の研鑽により常に能力・資質の向上を図り、管理業務の専門家として高い専門性を発揮するよう努力すること
❻ 能力を超える業務の引受けの禁止	自らの**能力**や知識を**超える**業務の引受けを行わないこと
❼ 秘密を守る義務	職務上知り得た秘密を正当な理由なく他に漏らさないこと

ひとこと

「❼ 秘密を守る義務」は、その**職務に携わらなくなった後**も遵守しなければなりません。

TRY! 過去問　　　　　　　　　　　　　　　　　　H30-問38

Q 賃貸不動産経営管理士は、常に依頼者の立場で職務を行い、万一紛争等が生じた場合には、誠意をもって、その円満解決に努力しなければならない。

A 貸主等の「依頼者」の立場のみでなく、貸主・借主等双方について、常に公正中立の立場で職務を行わなければなりません。　　　　　　　　　　❌

CHAPTER 2

賃貸不動産管理の実務

CHAPTER 2　賃貸不動産管理の実務

Section 1　借主の募集・広告等

重要度 A

このSectionのポイント

◆ **宅建業の免許** … 賃貸借の**代理**や**媒介**をする場合、**宅建業の免許**の取得が必要です。
◆ **誇大広告** ……… 物件の性能等が実際より優良・有利であると**消費者に誤認**させるような広告のことです。

1　賃貸管理と宅建業法

出題 H27

　物件のオーナー（貸主）にとって、自己所有の賃貸不動産の借主を、自分で探し出して契約締結まで漕ぎ着けるのは、とても難しいといえます。そのため、一般的には、不動産会社に、その**代理**や**媒介**（仲介）を依頼することになります。
　そして、不動産会社が行う賃貸の代理や媒介には、**宅建業の免許**が必要となります。

ひとこと

これに対し、物件のオーナーが自分自身で借主を探して賃貸借契約を締結する場合や**借主の居住が始まった後**に行う**管理業務**には、宅建業の免許は**不要**です。

■「宅建業の免許」の要否

宅建業の免許	必要	● 物件の**貸借**の**代理・媒介**
	不要	● 物件の借主の募集と賃貸借契約の締結を**貸主**が**自分自身で行う場合** ● 借主の居住が始まった**後**に行う管理業務

56

2 借主（入居者）の募集

出題 H28

1 募集の方法

入居者を募集する方法には、大きく分けて、次の2つがあります。

❶ 宅建業者を兼ねる管理業者が貸主から依頼を受けて自ら行う場合

宅建業者である管理業者は、物件の管理だけでなく、借主の募集や賃貸借契約の媒介も行うことができます。そのため、貸主から入居者の募集依頼を受けた宅建業者である管理業者は、自社の「**客付部門**」（きゃくつけ）（借主の募集や契約の媒介を行う部門）で募集を行います。

賃貸物件のオーナー（貸主）

「❶物件の管理＋❷入居者の募集」の両方を依頼

宅建業者を兼ねる管理業者の**客付部門**が❷を行う

管理業者が、自社の客付部門で借主の募集を行う場合、次の点に注意して行います。

❶ 客付部門は、新規の管理受託や解約受付の情報が入ってきた場合は、即日、「募集担当部門」（募集広告等の掲載を行う部門）に空室情報を流す
❷ 募集図面をFAX等で、募集担当部門にできるだけ早く送信する
⚠ ❶❷は借主を早く見つけるために行う
❸ 週1、2回の頻度で空室情報リスト等を作成して情報の流通に努める
❹ 申込み等による部屋決めや契約解除の情報は、**ダブルブッキング**を防ぐためにも募集担当部門に即時に連絡する

ひとこと 空室の状態が長く続くと、貸主の収入が減少しますので、管理業者への不信につながります。

❷ 管理業者が借主の募集業務を外部の宅建業者に依頼する場合

　管理業者が宅建業の免許を有していない場合、管理業者は、自ら借主の募集や賃貸借契約の媒介をすることはできませんので、外部の宅建業者に依頼することになります。

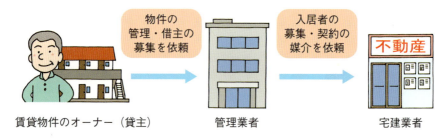

　管理業者が外部の宅建業者に借主の募集等を依頼する場合、次の点に注意して行います。

❶ 貸主の<u>了解</u>を得たうえで、物件に合った信頼できる宅建業者を選択する
　　例 地域に強い・ターゲット層（学生・子ども連れ等）に強い・広域的な集客力がある等
❷ 継続的に取引のある宅建業者に対しては、空室情報リストや募集図面をＦＡＸやＥメール等で送信し、入居者募集を依頼する
❸ 図面配布業者等を利用して募集図面を地域の媒介業者に広く配布する
❹ 地域の媒介業者に直接募集図面を持参・訪問して募集を依頼する

> **TRY! 過去問**　H27-問11
>
> **Q** 貸主に対しては、宅地建物取引業法の適用はないので、宅地建物取引業の免許を有しない管理業者であっても、貸主の書面による承諾がある場合には、募集業務を行うことができる。
>
> **A** 貸主の承諾があっても、宅建業者でないと募集業務はできません。　✕

2　物件情報の収集方法

　前記 ❶❷ の場合に共通して、**幅広い媒体**を使って同時に広告活動を行うことが、効率的な入居者の確保につながるケースが多くなっています。

　国土交通省の「令和元年度 住宅市場動向調査」によれば、民間の賃貸住宅入居世帯における物件情報の収集方法についての回答は、次のとおりです。

> ❶ 不動産業者で…49.9%
> ❷ **インターネットで**…40.8%
> ❸ 知人等の紹介で…14.2%
> ❹ 勤務先で…5.2%
> ❺ 住宅情報誌で…5.7%
> ❻ 新聞等の折り込み広告で…1.0%
> ❼ その他…2.5%
> 　　　　　　　　　　　　　　　（複数回答可）

> **ひとこと**
> インターネットによる募集広告も、現在では非常に有力な広告方法となっています。

3　入居者募集のための広告活動

出題 H28・R1

　入居者の募集に際しては、広く物件を知ってもらうための**募集広告活動**が欠かせません。そこで、宅建業者を兼ねる管理業者や外部の宅建業者が**募集広告を作成**する場合、①新規に管理受託した物件の場合は、仕入れ担当者から得た物件の情報を基に、また、②空室になった、あるいは空室になる予定の既存の管理受託物件の場合は、解約等受付時の情報を基に、次の点に留意して行います。

❶ 魅力ある図面等による広告媒体の作成
❷ 不動産公正競争規約に基づいた表記を行い、誇大広告にならないように留意する（広告会社に委託する場合でも）
❸ 募集と契約に関して**条件**や**制約**が**ある物件**では、その条件や制約を盛り込んだ専用の契約書等に沿った書面の作成と、顧客に対するその条件等の指摘を行う
❹ **間取り変更**の確認（既存物件の場合）
❺ 図面のチェック　⚠️オーナー（貸主）・仕入れ担当者等による確認も必要

4 募集広告に関する制限

出題
H27・28・29・30・R1・R2

1 宅建業法上の規制

　管理業者や宅建業者が、借主募集のための広告を行う際は、宅建業法による次のような規制を受けます。

■ 広告に関する禁止事項

種　類	禁止事項
❶ 誇大広告の禁止	● 宅地建物の所在・規模・形質等について著しく事実に相違する表示をすること ● 実際のものよりも著しく優良・有利であると人を誤認させる表示をすること
❷ 不実の告知・重要な事実の不告知の禁止	重要な事項について、**故意**に事実を告げない・不実（本当でないこと）を告げること
❸ 断定的判断の提供の禁止	将来の環境または交通その他の利便について、借受希望者が誤解するような**断定的判断**を提供すること
❹ 威迫行為等の禁止	契約の申込みをさせるため、または借受希望者がいったん行った申込みの撤回・解除を妨げるために借受希望者を**威迫**（脅迫等）すること
❺ 広告開始時期の制限	賃貸物件にかかる建築確認や宅地の開発（造成等）許可等の行政上の許可が下りる**前**に広告をすること

		① 物件が存在しないため、実際には取引することができない物件に関する表示	
❻ おとり広告の禁止		② 物件は**存在する**が、実際には**取引の対象となり得ない物件**に関する表示	おとり広告として禁止される
		③ 物件は存在するが、実際には取引する意思がない物件に関する表示	
		⚠ 過失により表示してしまった場合もおとり広告となる	

TRY! 過去問　　　　　　　　　　　　　　　　　　　　H30-問10

Q 借受希望者が一度申し込んだ事実の撤回を妨げるため、借受希望者を脅迫することは禁止されている。

A 契約の申込みの撤回を妨げるために申込者（借受希望者）を威迫（脅迫）する行為は、宅建業法で禁止されています。　　　　　　　　　　**○**

2 不動産公正競争規約による規制

　不動産公正競争規約とは、不動産の広告に関して**不動産業界が作成したルール**で、公正取引委員会が認定したものをいいます。募集広告をする場合、この**不動産公正競争規約に従わないといけません。**

■ 不動産公正競争規約の内容

建物の表示	❶ 新築	建築後**1年未満**であって、居住の用に供されたことが**ない**もの
	❷ 新築住宅	建物の構造および設備ともに独立した新築の一棟の住宅
	❸ マンション	鉄筋コンクリート造、その他堅固な建物であって、一棟の建物が、共用部分を除き、構造上、数個の部分（住戸）に区画され、各部分がそれぞれ独立して居住の用に供されるもの
	❹ 新築分譲マンション	新築のマンションであって、住戸ごとに売買するもの

建物の表示	❺ 新築賃貸マンション	新築のマンションであって、住戸ごとに、賃貸するもの
	❻ 新築賃貸アパート	マンション以外の新築の建物の一部であって、住戸ごとに、賃貸するもの
	❼ 中古住宅	建築後1年以上経過し、または居住の用に供されたことがある一戸建て住宅であって、売買するもの
	❽ 中古マンション	建築後1年以上経過し、または居住の用に供されたことがあるマンションであって、住戸ごとに、売買するもの
	❾ 中古賃貸マンション	建築後1年以上経過し、または居住の用に供されたことがあるマンションであって、住戸ごとに、賃貸するもの
	❿ 中古賃貸アパート	マンション以外の建物であり、建築後1年以上経過し、または居住の用に供されたことがある建物の一部であって、居住の用に供するために賃貸するもの
	⓫ 貸家	一戸建て住宅であって、賃貸するもの
部屋の用途の表示	❶ ダイニング・キッチン	台所と食堂の機能が1室に併存している部屋をいい、住宅・住戸の居室（寝室）数に応じ、その用途に従って使用するために必要な広さ、形状および機能を有するもの
	❷ リビング・ダイニング・キッチン	居間と台所と食堂の機能が1室に併存する部屋をいい、住宅の居室（寝室）数に応じ、その用途に従って使用するために必要な広さ、形状および機能を有するもの
各種施設までの距離または所要時間	❶ 道路距離・所要時間	道路距離または所要時間を表示するときは、起点及び着点を明示して表示すること
	❷ 団地と駅その他の施設との間の距離又は所要時間	それぞれの施設ごとに、その施設から最も近い当該団地内の地点を起点または着点として算出した数値を表示する。ただし、当該団地を数区に区分して取引するときは、各区分ごとに距離または所要時間を算出する。

各種施設までの距離または所要時間	❸ 徒歩による所要時間	道路距離80mにつき **1分間**を要するものとして算出した数値を表示すること。この場合において、1分未満の端数が生じたときは、1分として算出すること
	❹ 自転車による所要時間	道路距離を明示して、走行に通常要する時間を表示する
面　　積	❶ 面積	メートル法により表示する。この場合において1㎡未満の数値は、切り捨てて表示することができる
	❷ 建物の面積	延べ面積を表示し、これに車庫、地下室等の面積を含むときは、その旨およびその面積を表示する。ただし、中古マンションにあっては、建物登記簿に記載された面積を表示することができる。

5　取引態様の明示義務

　宅建業者は、**広告**をするときや**注文**を受けたときは、取引態様（自ら売主か、媒介かの別等）を明示しなければなりません。

6　重要事項の説明

出題 R2

　宅建業者は、賃貸借契約の代理・媒介（仲介）をする場合、**賃貸借契約締結の前**に、入居予定者に対して、宅建士が記名押印した書面を交付し、宅建士をして賃貸物件にかかる**重要事項の説明**をしなければなりません。

❶ 説明事項
　建物の賃貸の代理・媒介をする宅建業者が説明しなければならない事項は以下のとおりです。

❶	登記された権利の種類・内容等
❷	法令に基づく制限の概要
❸	飲用水・電気・ガスの供給・排水施設の整備状況
❹	物件が工事完了前のときは、工事完了時の形状・構造等
❺	借賃以外に授受される金銭（敷金等）の額及びその金銭の授受の目的
❻	契約の解除に関する事項
❼	損害賠償額の予定・違約金に関する事項
❽	支払金・預り金を受領する場合の保全措置の概要
❾	物件が土砂災害警戒区域内・造成宅地防災区域・津波災害警戒区域内にあるときはその旨
❿	物件が所在する市町村の長が提供する図面（ハザードマップ）に当該宅地建物の位置が表示されているときは、当該図面における当該宅地又は建物の所在地
⓫	石綿の使用の有無の調査の結果が記録されているときは、その内容
⓬	建物が耐震診断を受けたものであるときはその内容（昭和56年6月1日以降に新築の工事に着手したものを除く）
⓭	取引する物件が既存建物（中古住宅）である場合、1年以内に建物状況調査を実施したかどうか、及びこれを実施している場合におけるその結果の概要
⓮	契約期間・契約の更新に関する事項
⓯	建物の用途その他の利用制限に関する事項
⓰	敷金その他、契約終了時に精算することとされている金銭の精算に関する事項
⓱	建物の管理が委託されているときは、その委託を受けている者（管理業者）の氏名・住所
⓲	台所、浴室、便所、その他のその建物の設備の整備の状況
⓳	定期建物賃貸借・終身建物賃貸借を設定しようとするときは、その旨
区分所有建物（分譲マンション）の場合	⓴ 専有部分（分譲マンションの部屋）の用途その他の利用の制限に関する規約の定め（その案を含む）があるときは、その内容
	㉑ 1棟の建物（マンション）及び敷地の管理が委託されているときは、その委託を受けている者（マンション管理業者）の氏名・住所等

❷ IT重要事項説明

宅地・建物の売買・交換・貸借の代理・媒介の重要事項の説明には、ＩＴを活用することができます。

要　　件	① 宅建士及び説明の相手方が、図面等の書類・説明の内容について十分に理解できる程度に**映像を視認でき**、かつ、双方が発する**音声を十分に聞き取ることができる**とともに、双方向でやりとりできる環境において実施していること ② 宅建士が記名押印した**重要事項説明書**等を、説明の相手方に**あらかじめ送付**していること ③ 説明の相手方が、重要事項説明書等を確認しながら説明を受けられる状態にあること並びに映像及び音声の状況について、宅建士が重要事項の説明を**開始する前**に確認していること ④ 宅建士が、宅建士証を提示し、説明の相手方が、当該宅建士証を画面上で**視認できたこと**を確認していること
音声・映像が視聴できない場合	ＩＴを活用した重要事項の説明を開始した後、映像を視認できないまたは音声を聞き取ることができない状況が生じた場合には、**直ちに**説明を**中断**し、当該状況が解消された後に説明を**再開する**

7 契約成立時の書面交付

出題 H27

宅建業者は、代理・媒介により賃貸借契約が成立した場合、遅滞なく、貸主と借主に宅建士が記名押印した**契約成立時の書面**（契約書）を交付しなければなりません。建物の賃貸借契約成立時の書面の記載事項は以下のようになります。

	記載事項
必要的記載事項	① 当事者の氏名・住所
	② 物件を特定させるため必要な事項（所在・地番等）
	③ 借賃の額・支払時期及び方法
	④ 物件の引渡し時期

任意的記載事項	⑤ 代金等以外に授受される金銭の額・目的・授受の時期
	⑥ 契約の解除に関する定め
	⑦ 損害賠償の予定額・違約金に関する定め
	⑧ 天災等不可抗力による損害の負担（危険負担）に関する特約

TRY! 過去問　　　　　　　　　　　　　　　　　　　　　　H27-問13

Q 宅地建物取引業者は、宅地または建物の貸借に関し、その媒介により契約が成立したときは、当該契約の当事者に、契約内容に係る書面を交付しなければならない。

A 宅建業者は、媒介により宅地建物の賃貸借契約が成立したときは、契約の両当事者に契約成立時の書面を交付しなければなりません。　　　　　　**○**

8　媒介報酬額の制限

出題 R2

　宅建業者は、代理・媒介で建物賃貸借契約を成立させた場合、以下の報酬を受領することができます。なお**宅建業者が受け取る報酬は成功報酬ですので、契約が成立しなければ、報酬や経費等を請求できません。**

❶ 報酬額の計算

| 居住用建物の貸借の媒介報酬 | 貸主・借主それぞれから受領できる限度額は、原則として、**0.5ヵ月**分の賃料に相当する額 |
| | ⚠ 貸主・借主の承諾があれば、一方から**1ヵ月**分の賃料に相当する額を上限として報酬を受け取ることが可能 |

居住用建物**以外**の貸借の媒介報酬	承諾がなくても貸主・借主のどちらからでも**1ヵ月**分の賃料に相当する額を上限として報酬を受け取ることが可能 権利金の授受があるときは、以下の計算方法によって算出した額を報酬として受領可能	
	権利金の額	報酬額
	200万円以下	権利金の額の5％
	200万円超〜400万円以下	権利金の額の4％＋2万円
	400万円超	権利金の額の3％＋6万円
消費税	課税業者は10％、非課税業者は4％の消費税を受領可能	

ひとこと

貸主を宅建業者Aが代理・媒介し、借主を宅建業者Bが代理・媒介する等、複数の宅建業者が取引に関与しても、報酬の上限額は、**取引全体**で賃料の**1ヵ月分**です。

❷ 依頼者の特別の依頼による広告費等

物件の広告費等は、報酬に含まれるので、原則として、報酬とは別に受領することができません。ただし、宅建業者が報酬を得るために、**依頼者の特別の依頼**によって行った**広告料金**や**調査費用**は、報酬とは**別**に受領**できます**。

TRY! 過去問　　　　　　　　　　　　　　　　　　　　　R2-問17

Q 居住用建物の賃貸借の媒介報酬は、借主と貸主のそれぞれから賃料の0.5か月分とこれに対する消費税を受け取ることができるのが原則だが、借主及び貸主双方の承諾がある場合には、それぞれから報酬として賃料の1か月分と消費税を受け取ることができる。

A 借主および貸主双方の承諾があっても、合計して賃料の1ヵ月分と消費税までしか受け取れません。　✕

Section 2 物件の調査・入居審査

CHAPTER 2　賃貸不動産管理の実務

重要度 B

このSectionのポイント

◆ 管理規約 ………… 分譲マンションでは、管理組合が作成した管理規約を、借主も守る必要があります。

◆ 附帯設備の調査 … エアコンやインターネット等の附帯設備は、物件の競争力を高めますが、これらの故障はクレームにつながるので調査が必要です。

◆ 入居審査 ………… 実際の申込者と書類上の申込者が同一であるか、反社会的勢力でないか等を確認します。

1　物件の事前調査の必要性

出題 H28・R1

　宅建業者を兼ねる管理業者や外部の宅建業者が賃貸物件の借主を募集するにあたり、「所有者は誰か」、または、抵当権等の「第三者の権利の有無」といった物件についての**権利関係**が明確となっていなければなりません。また、再開発事業の予定や周辺施設の利便性等、**物件固有の情報**も知っておく必要があります。

　そこで、物件に法的な問題等がないかどうか、管理業者が自分で募集する場合はもちろん、外部の宅建業者に依頼する場合でも、入居者を募集する前に物件を調査・確認しておくことが必要となります。

ひとこと

例えば、再開発の予定がある地域の物件であれば、入居してもすぐ取り壊されてしまいますし、また、抵当権が設定されていれば、競売にかけられて立ち退きを要求される恐れもあるからです。

1 権利関係の調査

物件については、その所在地を管轄する地方法務局等（「登記所」といいます）に、権利関係や構造等が記録された**登記記録**が、請求をすれば**誰でも**見られるように備えられています。また、登記所では、所定の請求書を提出すれば、**誰でも登記事項証明書**（登記事項の全部または一部を証明した書面）や**登記事項要約書**（登記事項の概要を記載した書面）の交付を受けることができます。

管理業者や宅建業者は、それらの書類を入手して、権利関係を調査します。

■ 登記記録の構成

表題部		不動産の物理的現況（構造や建築年月日）が記録される
権利部	甲区	所有権（登記名義人等）に関する事項が記録される
	乙区	所有権以外の権利（抵当権や賃借権等）に関する事項が記録される

ひとこと
最初に権利部の甲区へ登記することを、所有権保存登記といいます。

2 貸主および近隣に対するヒアリング・調査

災害や事件等の履歴といった**物件固有の情報**は、貸主および近隣住民等から直接ヒアリング（聞き取り）して調査します。主な調査項目は、次のとおりです。

❶ 登記記録の所有者と貸主が異なる場合は、その理由と**貸主の賃貸借の権限**（所有者による転貸の承諾等）の有無
❷ 火災や自殺等、**心理的瑕疵**を伴う物件ではないかどうか、また、過去に津波・地すべり等の災害がなかったかどうか
❸ 将来的に計画道路の開設や区画整理、土地収用等による物件の取壊し・**建替え**等の計画があるかどうか
❹ 竣工図面等による間取り図、設備の確認

❺ 買物の利便性や嫌悪施設（墓地やゴミ処理場等）の存否等、**周辺環境**の確認

3 物件の所在地（現地）での確認事項

現地での確認事項には、次のようなものが考えられます。

❶ 接道状況、間取りや方位、設備等がヒアリングした内容と**相違ないか**どうか
❷ 前面の土地や隣接地に、**建築計画**の表示（「建築のお知らせ」の看板等）があるかどうか
❸ 周辺に、**道路**の拡張工事や予定計画の表示があるかどうか
❹ 建物の**老朽度合**、安全性、上下水道等の状況に相違ないか

4 分譲マンション内の賃貸物件における確認事項

　分譲マンション内の一室が賃貸されることがありますが、そのマンションの管理組合が**管理規約**（管理上のルール）を定めている場合、その管理規約の内容が借主にも及ぶことがあります。また、管理規約で、専有部分の賃貸借については届出が必要とされているケースもあります。

　そこで、分譲マンションの賃貸については、次の点に注意しなければなりません。

❶ 賃貸借契約には、「借主は管理規約を遵守しなければならない」旨を明記する
❷ 借主に管理規約の内容を確認してもらう（コピーを渡す）
❸ 管理業者が貸主（区分所有者）に代わって、管理組合に賃貸借をする旨の届出をする
⚠ 専有部分を賃貸借するときにはその旨を管理組合に届け出るよう、管理規約等に定められている場合に限る

5 附帯設備の調査

物件の附帯設備の有無と故障・不具合の**確認**は、入居者募集の事前準備におけ

る重要な業務です。なぜなら、各種**附帯設備**（冷暖房機・給湯器・照明器具・浴室設備・インターネット・カーポート等）は、入居者募集の**セールスポイント**になり得る一方、附帯設備が賃貸借の目的となっているのか否かにかかる**トラブル**や、最新設備を売りものにして賃貸しながら、入居当初から故障や不具合があるために**クレーム**となることも多く起こるからです。

物件の**附帯設備等の整備状況**は、宅建業者の借主に対する**重要事項説明の対象**ですので、借主の募集をする**前**に**調査や修理**を行う必要があります。

ひとこと

例えば、エアコンが、単に前の借主が置いていっただけで、附帯設備の扱いに**なっていない**場合、そのエアコンは賃貸借契約の内容には含まれていないため、借主が故障の修理費を負担しなければならないのです。

TRY!　過去問　　　　　　　　　　　　　　　　　　　H28-問12

Q 前の借主が設置した設備を附帯設備として新しい借主に貸す場合、貸主は、当該設備が故障してもその修理費を負担しなくてよいから、事前にその状態を確認する必要はない。

A 前の借主が設置した設備でも、「附帯設備」とした場合は、貸主は修理費を負担しなければなりません。　　　　　　　　　　　　　　　　　　　　❌

2　入居審査

出題　H27・29・30

賃貸物件は、賃貸物件のオーナー（貸主）の重要な資産ですから、もし借主が、入居後に家賃を滞納したり、周囲とトラブルを起こして他の入居者が物件から出て行ってしまっては大変です。

そこで、入居希望者が**その物件に住むにふさわしい人物か**を判断するために、その者に対する審査（**入居審査**）が行われます。

1 入居者の審査

申込物件に合った職業・年齢・家族構成・年収であるか等、入居に関する申込者の妥当性について、審査（チェック）を行います。

❶ 本人確認等

⑴ 個人の場合

申込者の氏名・現住所・勤務先等の確認をします。特に、実際に申込みを行っている人物が**書類上の申込者と同一であるかどうか**、次の事項による確認が必要です。

> ❶ 住宅地図による所在の有無（地図上の住所表記・氏名の確認）
> ❷ 電話番号　　❸ 自宅・勤務先
> ❹ 信用調査機関等による事故歴（家賃の滞納等）の照会

⑵ 法人の場合

申込者が法人の場合、会社案内・商業登記記録（登記事項証明書）の確認を行います。

❷ 「反社会的勢力でないかどうか」の確認

借主である個人・法人の関係者が、**反社会的勢力**でないかどうか、確認をします。

❸ 「物件が借主に妥当なものであるか否か」の確認

申込者の職業・年齢・家族構成・年収等に関する次の事項が、申込物件に合う、**妥当**なものであるかどうかについて、確認をします。

> ❶ 賃料と年収の**バランス**　　❷ 勤務地との距離
> ❸ 転居の理由　　❹ 同居人の属性　　❺ 勤続年数
> ❻ 隣人とのトラブル等の情報の有無
> ❼ **連帯保証人**との関係、連帯保証人の年齢・職業・収入状況等

TRY! 過去問 H30-問11

Q 借受希望者の職業・年齢・家族構成・年収が申込物件に妥当かどうか検討することは、差別的な審査であるため、することができない。

A 入居審査では、申込者に関する「職業等」について、確認しなければなりません。　✗

❹ 保証会社の審査

保証会社を利用する場合は、保証会社の審査（入居申込者の収入・職業・事故歴等）について確認します。

❺ 申込者が外国人の場合

申込者が外国人の場合、入居審査における身元確認書類の例として、次のような書類等が考えられます。

書類等	内容等
パスポート	身分証明書であるとともに、所持人の本国政府による「渡航許可証」も兼ねる
住民票	日本人の住民票と同様、居住地の**市区町村役場で発行**される
勤務証明書	在籍を証明するために勤務先が発行する証明書類
在学証明書	留学生・就学生が在籍する学校が発行する証明書類
就労資格証明書	仕事に就いて働ける在留資格があることを証明する文書
収入証明書	源泉徴収票・給与明細書・納税証明書・銀行の送金証明書等
資格外活動許可証	許可された在留資格に応じた活動以外の収入を伴う活動を在留目的を変更することなく行おうとする場合、あらかじめ資格外活動許可証明書が必要になる

ひとこと
実際にどのようなものを準備してもらうかは、**本人と相談**のうえ、必要に応じて判断をします。

> **TRY! 過去問**　　　　　　　　　　　　　　　　　　　　H27-問12
>
> **Q** 申込者が外国人の場合、住民票が発行されないので身元確認書類としてパスポート等を利用する。
>
> **A** 外国人でも住民票は発行されますので、それを身元確認書類として利用することが可能です。　　✗

❻ 申込者が高齢者の場合

申込者が高齢の場合、「高齢者の居住の安定確保に関する法律」の趣旨に照らして、**理由なく**入居を拒んではなりません。

ひとこと
自治体の「高齢者入居賃貸住宅制度」等を確認し、それに沿った入居の促進に努めることが望ましいとされます。

2　提出書類の確認

入居審査にあたって提出を受ける各種書類については、次のポイントを確認します。

書　類	確認事項	発行期日・提出物
住民票	借主・入居予定者全員のものか	発行3ヵ月以内の原本
所得証明書（源泉徴収票等）	会社の押印はあるか	直近の原本のコピー
免許証	住民票の住所との照合	コピー
印鑑証明書	実印との照合	発行から3ヵ月以内の原本
保証人の承諾書		発行から3ヵ月以内の印鑑証明書の添付が必要

3 入居者決定までの実務上の取扱い

　入居申込みがあった希望者については、入居資格審査のうえ、入居の可否（契約締結の可否）を決定します。決定にあたっては慎重な判断が必要となる一方、あまり時間をかけすぎると、希望者が他の物件を賃借してしまうことも起こり得ますので、**迅速性**が求められます。

4 入居者等の最終決定

　入居審査等に基づき、入居申込者と賃貸借契約を締結するかの最終決定をし、その結果を入居申込者に報告しなければなりません。

❶ 入居者の最終決定権者（決定権者の最終判断）

　入居申込者と賃貸借契約を締結するかどうかを決定するのは、「貸主の立場にいる者」になります。

　管理受託方式の場合は、管理業者は物件の管理を任されているだけですので、入居者等の最終決定は、物件の所有者が行います。これに対し、サブリース方式の場合は、サブリース会社が貸主（転貸人）として転借人に転貸しますので、サブリース会社が入居者等を決定します。

❶ 管理受託方式	貸主（**所有者**）
❷ サブリース方式	貸主（転貸人）である**管理業者**

❷ 入居申込者への審査結果の報告

　入居審査が終わったら、その結果を、入居希望者に報告しなければなりません。その場合の留意点は、次のとおりです。

入居可否の決定の通知	① 速やかに、まずは電話等で通知を行う ② 最終的には書面で通知を行う
入居を断る場合の書類等の返還	提出された入居申込書等の書類を速やかに返却する（個人情報保護法の観点から）
契約締結日等の連絡	入居が決定された場合は、その旨の通知に併せて、契約を締結する日、およびその際に必要な書類等を連絡する

CHAPTER 2　賃貸不動産管理の実務

Section 3 鍵の管理

重要度 B

このSectionのポイント

◆ マスターキー ………… 非常事態等に備えて貸主や管理業者が保管する、全戸の扉を開けられる「親鍵」のこと

◆ ディスクシリンダー … ピッキングに弱いため、現在は製造中止となっている錠

◆ 鍵の交換費用 ………… ① 原則は貸主負担
② 借主による紛失や、借主の希望による交換の場合は、借主負担

1 鍵の管理

　管理業者が、貸主に代わって借主に賃貸物件の鍵を引き渡す場合や鍵を保管する等、管理業者が賃貸物件の鍵を預かる場合において、鍵の紛失等は重大なトラブルになり得ますので、その取扱いには特に注意が必要です。

2 鍵の引渡しと「預り管理」の注意点

出題 H30

1 鍵の引渡し

　貸主は、通常、契約にかかる敷金等の金銭の授受の完了と同時に、借主に対して鍵の引渡しを行います。そのため、管理業者が貸主を代理して借主に鍵を引き渡す場合は、借主から「**鍵受領証**」を受け取り、物件の鍵を確かに引き渡したことを、貸主に報告する必要があります。

　「鍵受領証」は、退去にあたって鍵の返却を受ける際に、その本数等を確認す

るための根拠とします。また、管理用として貸主から預かった鍵は、その保管と授受に関する「鍵の管理台帳」や「鍵授受簿」を作成し、明確で厳重な管理の下に、適切に使用しなければなりません。

2 マスターキーの取扱い

建物のオーナーや管理業者が所有している鍵を「マスターキー」（親鍵）といい、一般的にはマスターキー1本で、一棟の建物内のほとんどすべての部屋を解錠することができます。

❶ 管理・保管の責任者および保管場所

マスターキーは、管理物件において借主の不在時に**非常事態**が**発生した場合**に、管理業者等が室内に立ち入る際に使用されます。その場合「鍵の取扱い規則」等に基づいて使用することが原則です。

また、日常、**マスターキーの管理・保管を担当する責任者**を明確にするとともに、他の通常使用される鍵（集会所やポンプ室等の附属施設の鍵）とは区別したうえで、**施錠できる場所**に保管しておくことが望まれます。

> **ひとこと**
> マスターキー等の物件の鍵を紛失するリスクを回避するため、物件の鍵は保管せず、専門業者に解錠させる方法もあります。

❷ マスターキーの貸出しルール等の厳格化

管理業者の従業員や管理員が**マスターキー**を使用する場合は、責任者の許可を得たうえで「**鍵の管理台帳**」に使用日時・使用場所・使用目的・使用者・返却日等を記入しなければなりません。

この際、マスターキーを使用できるのは責任者から許可を得た本人のみとし、**絶対に第三者に貸与してはなりません**。さらに、火災や水漏れ、ガス漏れなどの緊急を要する場合に、やむを得ずマスターキーを使って借主の居室に入室する場

合でも、点検業者や社内の**複数の人間に立ち会ってもらう**といった配慮が必要です。

ひとこと
やむを得ない事情がある場合の入室については、契約時にその旨を借主に説明をして了解を得たうえで、特約として契約書に記載しておくことが望まれます。

■ マスターキーを使用する場合

非常事態の発生時	緊急事故が発生した場合 ⚠ 室内に立ち入る場合は複数人で立ち入り、次の者に対して立ち入った事実を報告しなければならない ① 遅滞なく**借主**に対して行う ② 借主に連絡が取れない場合は、**連帯保証人**と**貸主**に対して行う
貸主による指示	工事点検や点検業務等の実施に際して、**貸主**から**指示**があった場合
借主による要請	借主から**緊急事態**の発生等を告げられた場合

3 鍵・錠(シリンダー)の種類

出題 H28

「鍵(キー)」とは、入居者が解錠に利用するために携帯する物であり、扉に固定されている部分は「錠」といいます。

代表的な鍵・錠(シリンダー)の種類は、次のとおりです。

鍵・錠の種類	特　徴	
ディスクシリンダー	・従来広く普及していたタイプで、現在もオートロック対応物件等に見られる ・ピッキングに対して**脆弱**なため、現在は**製造中止**となっている	

ピンシリンダー	● ディスクシリンダーよりはピッキングに対する防犯性能が高いものの、強いとはいえない ● その対応策として、現在では「アンチピッキング・ピンシリンダー」も普及している	
ロータリー（U9） ディスクシリンダー	● ディスクシリンダーの製造中止後、最も普及しているタイプ ● ピッキングに対する防犯性能も向上している	
ディンプル シリンダー	● 鍵の表面に、ディンプル（くぼみ）があり、防犯性に優れている ● 高級物件等で多く使用	
カードキー対応 シリンダー	● 携帯に便利なカード式で、複製が困難なため、防犯性に優れる ● プラスチック製や紙製のカードタイプ等があり、ホテル等で多用されている	
暗証番号設定式 シリンダー	● 変更可能な暗証番号施錠方式であるため、シリンダー交換が不要 ➡経費の削減となる	
ハイテク機器	防犯意識の高まりから、指紋照合等、さまざまなハイテク錠システムが製品化されている	

TRY! 過去問   H28-問26

Q ロータリー（U9）シリンダー鍵は、以前は広く普及していたが、ピッキング被害が増加したため、現在は製造が中止されている。

A 製造が中止されているのは「ディスク」シリンダー鍵（キー）です。　✗

4 賃貸借契約終了時の鍵の取扱い

出題 H27・28・30・R1

　物件において鍵の交換を怠ったことで、合鍵を作っていた前の借主による盗難や傷害等の犯罪が発生した場合、貸主や管理業者が「**借主が安全に居住できるように管理する責任**」の懈怠による**損害賠償責任**を問われることも想定されます。

　したがって、新たな借主が入居する場合は、鍵を交換することが望まれます。

❶ 鍵の交換費用

原則	例 新しい借主が入居する際の交換	貸主負担
例外	❶ 借主による鍵の紛失時	借主負担
	❷ ピッキング対応キーへの交換	貸主・借主のうち交換を申し出た方が負担

❷ 鍵交換の時期

　鍵交換のタイミングは、前の借主の退出後にリフォームが終了し、入居希望者に対する案内も終えて、**入居する借主が決定した後**とすることが望まれます。

> **ひとこと**
> 退去後のリフォーム時に鍵を交換して、その後に複数の入居希望者に物件を紹介をすると、その際に作成された合鍵等によって、借主が入居した後に事故や事件が生じるおそれがあるからです。

> **TRY! 過去問** H30-問26
>
> **Q** 新しい借主が決まり、新しい鍵を取り付けたところ、借主から「防犯面に強い鍵」に交換するよう要望された場合、借主にその費用の負担を請求できない。
>
> **A** ピッキングに対応した鍵への交換費用については、貸主・借主どちらかの「交換を申し出た方」が負担します。　✗

CHAPTER 2　賃貸不動産管理の実務

Section 4 クレーム処理

重要度 C

CH.2
4 クレーム処理

このSectionのポイント

- ◆ ペット飼育によるクレーム … 鳴き声・糞尿処理・悪臭等が主な原因です。
- ◆ クレーム対応 ……………… 公平な立場で対応することが重要。マニュアル化も有効です。
- ◆ 火災時の対応 ……………… 現場での避難誘導等と並行して、消防署への連絡を行うことが必要です。

1 借主の居住ルール・クレーム対策

出題 H28

　賃貸アパートやマンションでは、多数の入居者で共同生活を営むことになります。入居者に共同生活上のルールを遵守してもらい、また、入居者からのクレームに対応することも管理業者の重要な業務です。

1 借主の「居住ルール」に関する遵守指導

❶ 「入居のしおり」の作成・配布
　借受希望者に、建物の共同ルールや日常生活上の留意事項を理解してもらうためには、「入居のしおり」を作成して配布することが効果的です。

❷ 共同生活上で特に問題となる事項
　賃貸アパート等における入居者の快適な生活の維持には、共同生活上のルールをよく理解してもらったうえで、他の住民に配慮しながら物件を使用してもらうことが必要です。

81

共同生活において特に問題となる事柄は、次のとおりです。

生活騒音	例	楽器の演奏、深夜帯のステレオやテレビ音声、隣室の話し声、近隣の工事音等
	対応	① いつ・どこで・誰が騒音を発しているかを確認する ② 注意を促す文書の配布や借主・関係者・連帯保証人等に対する電話連絡を行う ③ 改善されない場合は、**文書で警告**し、場合によっては**契約解除を行う** ④ 近隣工事の騒音については、共同生活上受忍すべきものであることを理解してもらう ⚠️ 騒音が受忍限度を超える場合や、借主の理解が得られない場合には、借主に直接交渉してもらうことも検討する
共用部分の使用	例	廊下・階段・玄関ホール・駐輪場・ゴミ置き場等の使用方法の遵守や濫用の禁止について
	対応	① 使用方法が守られていない場合等は、借主に注意を促し、是正を求める ② 私物が放置されている場合は、即座に借主に直接撤去を求める、または**掲示板**や**チラシ**を使って**各入居者に注意を促し**、是正に努める ⚠️ 管理業者が是正措置を取らなかった場合で、他の借主が損害を受け、かつ、その私物の所有者が不明のときは、管理業者が責任を負うこともあり得る
ペット飼育	例	**鳴き声・糞尿処理・悪臭**等（ペット3大トラブル） ● 借主同士や近隣住民との間でトラブルが発生しやすい ● 原状回復においても問題になりやすい
	対応	貸主側で「ペット飼育規則」を定め、賃貸借契約の書面上で飼育に関する遵守事項を定め、借主に遵守させることが重要

ひとこと

分譲マンション内の**賃貸物件**の場合で**管理規約**があるときは、借主に管理規約のコピーを渡したりして理解をしてもらうと共に、**その遵守を契約書上に明記**することが望ましいとされます。

2 クレーム対策

❶ クレーム対策の重要性

　管理業者・担当者の対応の不手際や、知識不足による対応ミス等、依頼や相談に適切な対応をしていれば簡単に解決していたものが**クレーム**になり、トラブルにまで発展させてしまっているケースが多く見られます。

　貸主は、管理業者に対して、借主からの要望や依頼、相談に対する**適切な処理**（迅速な対応）および**適切なアドバイス**（助言）を求めており、借主も同様のことを管理業者に対して期待しています。

　管理業者や**賃貸不動産経営管理士**は、このことを認識して業務を遂行しなければなりません。

❷ クレーム等への考え方と対策

　入居者から管理業者に寄せられるクレームや苦情は、**住戸内設備の故障や不具合**に関するものから、**入居者同士のトラブル**に至るまでさまざまです。

　管理業者は、次の点に注意して、貸主に代わって**責任ある態度**で、問題の解決にあたらなければなりません。

> ❶ 入居者同士のトラブルには、一方の言い分を鵜呑みにするのではなく、それぞれよく耳を傾けて、**公平な立場**で問題の処理にあたる
> ❷ 電話によるクレームへの対応として、「クレーム受付票」等所定のフォーマットを準備する。また、誰が電話を受けても間違いなくその状況が担当者に伝わるよう、処理結果を記録に残すような仕組みを作る
> ❸ 経験の浅い担当者でも一定の適切な対応ができるように、また、同じ誤ちを繰り返さないためにも、**過去の事例**を蓄積した情報・**他社の事例**・**参考文献**等をベースに自社独自の「**対応マニュアル**」を作成し、社内研修等により社員全員で問題意識・対応方法を共有する

ひとこと
貸主は、苦情やトラブルへの対応の手間から解放されることも目的の1つとして管理業者に管理を委託しており、支払われる管理手数料は、これらの業務の対価ともいえます。

TRY! 過去問

H28-問25

Q 管理業務で生じるクレームやトラブルの内容やその対応方法は数多く存在するので、会社である管理業者が、過去の相談事例等を蓄積した社内マニュアルを作成して社内で情報を共有することは重要ではない。

A クレーム等の内容やその対応方法は数多く存在するので、管理業者の社内で情報共有をすることが重要です。　　　　　　　　　　　　　　　✗

---

2 緊急時の対応

出題
H30・R2

災害や事故・盗難等が起きた場合、管理業者は次のような流れで対応します。

災害・事故等の種類	対　応
上階からの漏水の発生時	❶ 管理業者は、借主に対して電話で、「上階に水漏れの事実を告知する」よう要請する ❷ できるだけ早く現場へ駆け付ける（合鍵等も持参） ❸ 修理会社へ連絡する ❹ 上階の入居者へ連絡し、漏水の旨の連絡・緊急立ち入りの許可を求める等を行う ❺ 漏水被害にあった部屋・上階の室内を確認する ❻ 現場で蛇口や元栓を閉める等、漏水を止めることを最優先に行う。また、現場写真を撮影する ❼ 上階・下階の居住者に保険会社への報告を要請する ❽ 貸主に報告する ❾ 修繕手配等を行う ❿ 費用負担の調整を行う
火災発生時	【管理員がいる場合】 ❶ 管理員は、自動火災報知器からの発報・借主からの通報で火災の発生を感知した場合、現場に駆け付け避難誘導等をすると同時に、建物全体への火災の発生を知らせ、さらに消防署へも連絡しなければならない ❷ 初期消火が可能であれば、消火器や消火栓の使用等で延焼防止に努める ❸ 初期消火が不可能であれば、管理員も安全に避難する

	【管理員がいない場合】 通報を受けた管理業者は、**消防署に通報後**、できるだけ早く**現場に駆け付ける**
地震の発生時	**【管理員がいる場合】** ❶ 揺れが収まった**後**、管理員が建物内外の**点検**を行う ❷ 危険が生じている場合には、居住者を避難場所へ誘導する ❸ 火災が発生している場合は、避難誘導、消防署への通報、建物全体への火災発生の報知を行い、初期消火が可能であれば延焼防止に努める **【管理員がいない場合】** 管理業者が震災**後**、できるだけ早く**建物を訪れて被害状況を把握**し、復旧や後片付けを行う
犯罪の発生時	❶ 借主から空き巣被害の連絡があったら、被害届の提出の有無・盗難された財物や侵入経路等の**被害状況を把握**する ❷ 保険による補償手続の支援 ❸ 侵入経路の遮断や非常警報装置の設置等について、貸主と相談し、早期に対策を講じる ❹ 防犯を呼びかける**掲示**などを行い、**借主に施錠等の注意を促す**

TRY! 過去問　　　　　　　　　　　　　　　　　　　　　　H30-問27

Q 管理員が置かれてない建物では、自動火災報知器の発報や借主からの通報で火災の発生を感知後、通報を受けた者は直ちに現場へ駆け付け、火災を確認し借主等の避難誘導を行った後に消防署へ通報しなければならない。

A 通報を受けた者は、まずは消防署に通報してから現場に駆け付けなければなりません。　　　❌

CHAPTER 2　賃貸不動産管理の実務

Section 5 住環境の整備

重要度 C

このSectionのポイント

- ◆ **植栽管理** … 除草剤の散布時には、<mark>近隣等への告知</mark>が必要です。
- ◆ **清掃業務** … 台風時のドレイン回りのゴミ取り等の清掃業務が重要です。
- ◆ **防犯業務** … ピッキングに強い鍵にする・オートロックにする等のハード面の対策だけでなく、居住者に防犯の心構えを持ってもらうことが重要です。

1 植栽の管理

出題 H29

植栽管理は、快適な住環境の整備のために必要な業務です。

管理の対象	管理等の方法
除　草	・除草方法には、草抜きと除草剤の散布がある ・入居者等が**日常的に使用**する部分は、**除草剤の使用を控える** ・除草剤の散布の際には、入居者等や近隣住民に対する**事前通知**を行い、洗濯物やペットの屋内への一時退避等、協力を求める
植栽・剪定	・定期的にチェックし、灌水や施肥を行う ・剪定は、**専門業者**に依頼する

ひとこと
放置すれば、雑草が伸び、害虫が発生しますし、枯死や倒壊することで環境も悪くなるからです。

2 駐車場・駐輪場・共用部分・ゴミ置き場の管理

出題 H29・R2

CH. 2

5 住環境の整備

　無断駐車や乱雑な使用、私物の放置やゴミ収集の曜日や分別を守らないといったこと等が問題になりがちな**駐車場・駐輪場・共用部分・ゴミ置き場**の管理も、快適な住環境の整備のためには大切な業務です。

対　象	管理等の方法
駐車場	● 無断駐車防止のため、駐車区画ごとの利用権者の表示やカラーコーン・埋め込み式ポールによる侵入防止を行う ● 車上狙い対策として、人感センサーライトや防犯カメラを設置する
駐輪場	使用希望台数が収容能力を超える場合、次のように対応する 　● 駐輪場の増設 　● 入居者等の協力を得て不要自転車・放置自転車の一斉整理を実施する 　● 使用料を設定し、登録制によって使用車両数を制限する 　⚠ 駐輪場の使い方が乱雑である場合には、掲示板やチラシを使用して入居者に注意を促す 　● 駐車場内の車やバイクにカバーを設ける場合は、不燃性のものを使用する
共用部分	● 入居者に私物の撤去を求める 　⚠ 入居者の所有物であるので、管理業者・貸主が**直ちに撤去すべきではない** ● 清掃を着実に行い、管理がしっかり行われている印象を入居者・近隣・来訪者等に与えるようにする
ゴミ置き場等	入居者にその地域のゴミの出し方を周知徹底し、近隣住民とのトラブルを防止する

87

3 清掃業務

清掃作業は、建物の美観を保ち、良好な住環境を整えるだけでなく、周辺住民との摩擦を避け、良好な関係を維持するために重要な業務です。

物件に合わせた作業仕様書を作成して計画的に作業し、作業終了後にはチェックリストに基づいて作業漏れがないかを確認します。

清掃業務には、次のような種類があります。

種　類	内　容
日常清掃業務	● 共用部分を対象として、管理員または清掃員が毎日あるいは「週2〜3回」と定めて日常的に行う清掃 ● 通常は床の掃き・拭き清掃が中心となる ● 外観点検の一部をカバーする業務もある
定期清掃業務	● 1ヵ月に1回、または2ヵ月に1回等、周期を定めて主に機械を使って行う清掃であるため、清掃業者に外注するのが一般的 ● 「年間清掃計画」と「清掃仕様書」の作成が必要 【主な清掃項目】 ① エントランスホール・廊下・階段床等の機械洗浄・ワックスがけ ② エントランスホール・廊下・階段床等の洗浄やしみ拭き ③ 共用部分ガラスのクリーニング ④ 台風シーズン前のドレイン回りのゴミ取り
特別清掃業務等	● 排水管の高圧洗浄や空調・換気設備等の専門家による清掃 ● 入居者退去後のハウスクリーニング等

4 防犯対策等

管理業者が賃貸物件を管理・運用するうえで、借主が快適で安全に居住できる環境を整えることも重要となります。

① 防犯対策

管理業者は、防犯・防災について、次のような対策を講じる必要があります。

❶ 「建物内に不審者を入れない。万一見かけたら、状況に応じて110番通報をする」との**心構え**を、入居者各々持ってもらう

❷ 各室扉の錠前を**ピッキング**に強いものに取り替え、さらに建物のエントランスを**オートロック**化する

❸ 出入り口ホールや駐車場、ゴミ置き場等に**防犯カメラ**を設置したうえで、**夜間センサーライトを点灯させる**

❹ 各種のセンサーにより不審者の侵入等の異常を感知した場合、通信回線を利用して警備会社へ自動的に通報し、**警備員が駆け付けるようなシステム**の導入

TRY! **過去問**   H30-問27

Q 空き巣被害が発生した後は、警察の巡回も厳しくなり、しばらくは犯人も警戒するので、掲示板等に空き巣被害が発生した旨の掲示さえすれば、管理業者の対応として足りる。

A 管理業者は、空き巣被害が発生した後は、防犯カメラの設置やピッキングに強い鍵に交換する等空き巣対策を早めに講じる必要があります。　　　　**✗**

❷ 共用部分の照明の照度

防犯対策としては、共用部分等を明るくすることも有効です。国土交通省と警察庁の共同で策定された「防犯に配慮した共同住宅に係る設計指針」では、共用部分で必要とされる照明の照度（明るさ）について、次のように定めています。

場　所	必要な照度
● 共用玄関の**内側**・共用メールコーナー ● 共用玄関の**存する**階のエレベーターホール ● エレベーターのかご内	**50ルクス**以上
● 共用玄関の**外側** ● 共用玄関**以外**の共用出入口 ● 共用玄関の存する階**以外**のエレベーターホール ● 共用廊下・共用階段	**20ルクス**以上
● 駐輪場・オートバイ置き場 ● 駐車場	**3ルクス**以上

Section 6 アウトソーシング

CHAPTER 2　賃貸不動産管理の実務

重要度 B

このSectionのポイント

◆ アウトソーシング … ハード面（設備等）はアウトソーシングが容易、ソフト面（騒音等）は難しいといえます。

◆ アウトソーシングと管理委託契約
　… 管理委託にかかる管理業務の内容は、できるだけ具体的に明示すべきです。

1　アウトソーシング（業務の再委託）の意義

出題 H27・28

　管理業者は、物件の管理を貸主（オーナー）から委託を受けて行いますが、借主からのさまざまな問合せや要望・クレームに、すべて管理業者が単独で対応するのは困難です。そこで、**アウトソーシング**（管理業務の外部業者への再委託）を導入して効率的に業務を行うという企業経営の手法が導入されています。

　ある業務に特化した専門の協力業者をうまく活用することで、**人的資源**を補い、**自社の中心的事業**の**専門性**や**付加価値**を高め、それを顧客満足につなげることができます。

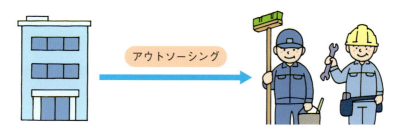

アウトソーシングのメリット・デメリットは、次のとおりです。

メリット	・コストの削減ができる ・自社の中心的事業の競争優位性を高められる
デメリット	・自社内に業務のノウハウが蓄積されない ・情報漏えいのリスクが高まる

TRY! 過去問　　　　　　　　　　　　　　　　　　　　H28-問27

Q 協力業者に業務をアウトソーシングすることにより、人的資源を補い、自らの専門性や付加価値を高めることができる。

A アウトソーシングには、人的資源を補い、自社の専門性や付加価値を高めることができるというメリットがあります。　〇

2　アウトソーシングしやすい業務・しにくい業務

出題 H27・28

　ハード面（建物や設備等、形のある要素）に対するクレームは、**アウトソーシングしやすく**、その一方で、ソフト面（騒音・利便性に関すること等、直接目には見えない人の働きが関わる要素）に対するクレームは、**アウトソーシングしにくい**傾向があります。

ひとこと
ソフト面のクレームは、長い時間をかけて対応する必要があり、また最終的には法的対応も考慮しないといけないからです。

また、アウトソーシングしやすい業務でも、緊急性が高くすぐに対応しなければならないものとそうでないものがあります。

	アウトソーシングしやすいクレーム	アウトソーシングしにくいクレーム
緊急性が低い	共用灯（電球切れ）・エアコン・換気扇・照明器具設備の故障への対応等	●動物・昆虫の駆除 ●ゴミ置き場の使用方法の管理 ●共用施設の清掃 ●騒音関連
緊急性が高い	蛇口・給湯器等からの漏水・火災警報器の故障への対応等	●迷惑駐車・駐輪への対応 ●火災警報機の法定点検の際のお知らせ等

3 アウトソーシングの活用範囲

アウトソーシングを効率的に行うには、協力業者の選定も大切ですが、どのようなスタイルで活用するかについても、アウトソーシングの前によく検討しておくことが必要です。

■アウトソーシングの対象となる業務の種類

警備業務	常駐警備・機械警備・警備輸送
防災業務	消防用設備等の工事・整備、消防用設備等の定期点検、防災機器の販売、防災に関する相談（コンサルタント）
清掃管理業務	建物内部の清掃・建物外部の清掃
環境衛生管理業務	空気環境管理・給水管理・害虫等の防除・廃棄物処理
設備管理業務	電気通信設備・空気調和設備・給排水衛生設備・エレベーター設備・設備遠隔制御の管理
建築物保全管理業務・運営管理サービス業務	管理サービス業務・遠隔集中検針業務（ガス・水道の自動検針等）

ひとこと

アウトソーシングの対象となる業務のあり方も、ロボットによる自動清掃や防犯対策等、今後はハイテク技術を駆使した機材の開発によって、一新される可能性があります。

4 アウトソーシングにあたっての留意点

出題 H28

❶ アウトソーシング導入の判断

アウトソーシングを、どう具体的に管理業務のフローに取り入れるかについては、次のように、**投資と経営効率**（経営収支）との**バランス**で決まります。

> ❶ アウトソーシングのコストを、どの程度負担することができるか
> ❷ アウトソーシングによるサービスの向上が、将来の賃料や空室率の改善にどの程度寄与するか

❷ 再委託条項

スムーズなアウトソーシングの導入・移行のためには、管理業者が物件の貸主（オーナー）と締結する管理受託契約の中に、**あらかじめ**、業務の「**再委託（アウトソーシング）条項**」を設けておく必要があります。

ひとこと
再委託条項がないと、アウトソーシングをする都度、別途、賃貸不動産の**貸主（オーナー）の承諾**が必要となるからです。

❸ アウトソーシングする業務の内容の明示

どのような業務をアウトソーシングするのか、再委託を検討すべき管理業務の内容についても、できるだけ**具体的に明示**しておくべきです。

ひとこと
コストの問題や、管理業者以外のアウトソーシング先の業者が物件に出入りする等により、トラブルとなる場合もあるからです。

CHAPTER 2　賃貸不動産管理の実務

Section 7　その他の業務（定期報告・更新手続）

重要度 B

このSectionのポイント

◆ 定期報告 ………… 管理業者は、定期に、管理受託契約またはサブリースの原賃貸借契約を締結した貸主に対し、管理事務に関する報告をしなければなりません。

◆ 更新事務手数料 … 更新時の業務に対して貸主または借主が管理業者に支払う金銭のこと

1　定期報告

1　定期報告の意義

　管理業者は、オーナー（貸主）に対して、賃貸借の対象となっている物件や借主の状況などを、一定の時期に**報告**しなければなりません。賃貸物件の現状について把握することを求めると同時に、貸主の賃貸経営に役立つ情報の提供を行うためです。

　さらに、単なる情報の提供にとどまらず、例えば、大規模修繕が必要であれば、どうやって資金調達を行えば有利かといった、その実施に向けた具体的な**コンサルティング**を行うことも、管理業者にとって重要な役割です。

　定期報告は、貸主・管理業者にとって、次のような物件管理に活かすことができきます。

貸主が所有する物件の状況の把握	修繕計画を立てることが可能
クレーム情報の把握	● 所有する物件の問題点がわかる ● 現在の賃貸市場のニーズを加味した賃貸経営に有効な手法を考えるヒントになる

> **ひとこと**
> 賃貸住宅管理業法では、管理受託契約を締結した日から1年を超えない期間ごとに管理業務報告書を作成し、これを委託者に交付して説明しなければならない、としています（定期報告）。

2 定期報告の方法

定期報告を行う方法は、次のとおりです。

❶ 原則、貸主・管理業者間の**管理受託契約に定められた方法**と**時期**によって報告する
❷ 建物および附帯施設、植栽、敷地全体の状況、借主の生活状況やトラブルの内容、周辺の市場環境、その他貸主に有用な情報などから**報告事項を選択**して、報告の頻度（通常は「月次・年次」）や**報告書の体裁**を定める
❸ 建物設備に関する報告書では、設備の製造年月日を記したうえで、**老朽化の状況や交換時期の目安**といったコメントを付け加えたり、**クレームを集計した情報**（例「月次クレーム報告書」等）や、周辺地域の賃貸状況や賃料相場、人気物件の動向といった情報を提供することも、貸主にとって有用である

2 賃貸借契約の更新手続

出題 H27・29・30・R1

1 更新に関する合意書面の作成

賃貸借契約を更新するうえで、**書面の作成は義務ではありません**。しかし、**実務上**は、次の理由により、「**更新の合意書面**」を作成することが必要となります。

❶ 契約の更新によって借主が引き続き建物を使用するための**根拠**の明確化
❷ 貸主・借主の氏名・住所や借主の勤務先等の変更の書面への反映
❸ 更新時点における適正な**賃料**の改定

2 「更新実務」の進め方

　管理業者が、貸主（オーナー）から借主との契約更新に関する事務を受託した時は、まずは、貸主が希望する更新内容に沿って**更新の合意書面**の案を作成し、**借主に交付**（送付）します。

　居住用物件の賃貸借契約では、契約期間を2年間、解約予告期間を**1ヵ月～2ヵ月**とする場合が多いため、書面案を借主に交付する時期は、契約更新が近づいた「契約終期の1ヵ月半ないし2ヵ月半程度前」とすることが適当です。

> **ひとこと**
> 更新内容によっては、相手方が更新をしない可能性もあることを考慮し、ある程度余裕を持たせた期間が必要だからです。

　借主が書面案の内容に合意した場合、貸主・借主の双方が記名押印した書面案を管理業者が取りまとめ、それを合意書面として貸主・借主に交付し、各自がこの書面を保管します。

3 更新料と更新事務手数料

　賃貸借契約の更新の際には、借主から貸主へ、賃貸借契約の維持の対価として**更新料**が支払われることがあります。そして、貸主または借主からは、**更新事務手数料**が管理業者に支払われることがあります。

　これらも、賃貸借契約書に**特約**として明記してあれば受領することが可能ですが、特約を有効とするために、管理業者は、**更新料**や**更新事務手数料の授受**の際に、次の点に注意する必要があります。

❶ 当初の契約時に、それらの詳細を**書面に記載**して、借主等に十分に説明をして、理解を得ておくこと

❷ 更新事務手数料を領収する場合、当初の契約時に**書面**によって、支払時期・金額を記載して**説明**を行うこと

❸ 更新料・更新手数料が不当に高額でないこと

Section 8 賃料の徴収等

このSectionのポイント

- ◆ 集金事務代行会社の自動振替による管理業者への入金
  … 金融機関に自動振替を依頼する賃料の徴収方法です。
- ◆ 共益費等の支払 … ① 管理受託契約では、管理業者は貸主の依頼を受けて共益費等を代理支払します。
  ② サブリース方式では、管理業者は貸主自身として共益費等を支払います。

1 賃料・共益費の取扱い

　賃料や共益費といった、借主から貸主に支払われる金銭を管理業者が徴収し、そこから管理費用等を支出することは、重要な管理業務の1つです。

　一般的な賃料・共益費等の徴収方法には、次のようなものがあり、**貸主・借主・管理業者**それぞれから見たメリット・デメリットがあります。

	メリット	デメリット
❶ 借主による持参	● 賃料受領の際に、借主の生活状況の把握や管理上の要望の受付等ができる ●「入居者管理」の機能を期待できる	事務作業が煩雑になり、金銭管理上のトラブル発生の可能性がある
❷ 借主から貸主への直接振込	借主の都合のよい時間に、どの銀行からでも振り込める	入金の確認に手間がかかる
❸ 借主から管理業者への振込	管理業者が、入居者・物件別に、借主の入金状況を確実に把握・確認できる	管理戸数が多いと、事務作業量が増える

98

| ❹ 集金事務代行会社（銀行等）の自動振替による管理業者への入金 | ● 効率的な賃料徴収を行うことができる
● 簡便・確実に入金状況が把握できる | ● 手数料等がかかる
● 代行会社への振替依頼の処理が漏れた場合、借主全員に対し個別に振込を依頼しなければならない可能性がある |

❹のケース

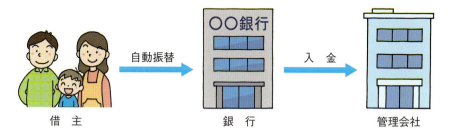

借主 　　　銀行 　　　管理会社

ひとこと

集金事務代行会社とは、信販会社や銀行等の金融機関のことです。

2 共益費等の収支管理

❶ 共益費等の管理

　管理業者が、借主から共益費を預かり、そこから物件の維持管理費用を支出する場合、貸主に対しては、共益費の収支を、明確に賃料とは区分しなければなりません。

❷ 物件の維持管理費用の支払

　管理業者が借主から預った共益費から維持管理費用を支払う際の、支払方法や支払権限については、「管理受託方式」の場合と「サブリース方式」の場合で異なります。

管理受託方式	貸主との**契約**で、共益費の代理受領を行い、共用部分の電気料・水道料・清掃費などの管理に必要な費用の**代理支払**を行う ↓ 支払後 受領した共益費と支出した必要な費用の明細を正確に記録し、残高を確認したうえで、一定の時期ごとに**貸主に報告**する
サブリース方式	管理業者の**判断**で、受領した共益費から必要な費用の支払を行うことが**できる**

ひとこと

共用費から支払われる物件の**維持管理費用**には、階段・廊下等の共用部分の光熱費・上下水道料・清掃費用等、日常の維持管理に**必要な費用等**が該当します。

CHAPTER 2　賃貸不動産管理の実務

Section 9 未収賃料の回収手続

重要度 B

このSectionのポイント

◆ 自力救済 ……… 「法的手続を経ない実力行使」のことで、禁止されています。
◆ 内容証明郵便 … 差出人・宛先・出した日時やその内容を郵便局が証明する制度のこと
◆ 公正証書 ……… 公証人が作成する公文書で、法律上・社会的に信頼できる書面として取り扱われています。

1 賃料の滞納対策

出題 H27・28・29・R1・R2

　借主による賃料の滞納は、オーナー（貸主）にとっては、生活に影響を及ぼすほかに、貸主が物件を建設するために組んだ金融機関へのローン返済を困難にするなど、滞納賃料の回収は極めて重要な問題です。

1 回収業務の遵法性

❶ 自力救済の禁止

　法的手続によらない実力行使を「**自力救済**」といい、原則、**禁止**されています。
　たとえ、賃貸借契約書において、次のような貸主の自力救済を認める特約を定めていても、行うことはできません。

❶ 借主が賃料を滞納した場合に、貸主が借主の承諾を得ずに部屋の**鍵を交換**したり、錠にカバーをかけたりして、借主が部屋に入ることを阻止することによって、実質的に滞納賃料の支払を促すこと
❷ 借主が賃料を滞納した場合や長期不在の場合に、貸主が、借主の承諾を得ずに**室内の私物を勝手に処分**（売却等）・**廃棄**すること
❸ 勤務先等に電話して督促すること

101

❹ 督促のため借主の居宅を訪問し、借主から退去を求められたのに退去しないこと

ひとこと
自力救済の禁止に違反した場合、「民法」では不法行為に基づく損害賠償責任が生じかねず、「刑法」では住居侵入罪や器物損壊罪、場合によっては建造物損壊罪に該当するおそれがあります。

TRY! 過去問　　　　　　　　　　　　　　　　　　　　　　H27-問22

Q 賃貸借契約書に「借主が賃料を滞納した場合には、貸主は鍵を交換することができる。」という規定がある場合、貸主は、借主が賃料を滞納したときは、鍵を交換することができる。

A 借主の賃料滞納時に貸主が行う鍵の交換は、自力救済の禁止に該当するので認められません。　✗

❷ 弁護士法の遵守

弁護士法は、「弁護士でない者は、報酬を得る目的で訴訟事件等の法律事務を取り扱うことができない」と定めています。

管理委託方式の場合、管理業者は、物件のオーナー（貸主）から管理を委託されている立場ですので、未払賃料の徴収のために、オーナーに代わって管理業者自身の名義で内容証明郵便を送付して督促したり、裁判所に和解や訴訟を申立てをすることは、**弁護士法に違反**するため、**禁止**されています。

これに対して、サブリース方式の場合は、入居者（転借人）と契約を締結しているのはサブリース会社ですので、サブリース会社が**直接**、転借人に対して未払賃料の徴収のために内容証明郵便を送付したり、裁判所に和解や訴訟の申立てをすることが認められています。

■ 弁護士法に抵触するか否か

❶ 管理受託方式の場合	貸主に代わって管理業者が自己の名義で次の行為をすることは、弁護士法違反となる ● 内容証明郵便を送付する行為 ● 裁判所に和解や訴訟を申し立てる行為 ● 借主との立退き交渉
❷ サブリース方式の場合	サブリース会社自身が貸主（転貸人）であるため、内容証明郵便の送付・裁判所への訴訟の申立て・借主との立退き交渉等は、弁護士法違反にならない

2 回収業務の進め方

❶ 滞納理由の調査

賃料滞納による契約解除に関する判断においては、**信頼関係が破壊されているか否か**が決め手となりますので、滞納理由の調査および内容の分析が必要です。

滞納の理由と判断の基準は、おおむね次のとおりです。

信頼関係の破壊とならない場合	信頼関係の破壊となり得る場合
● 引落口座への入金忘れ ● 家族等の病気等の事情による**一時的**な資金不足 ● 借主の落ち度による入金遅延 ● 借主の**失業・倒産**による滞納の累積	● 収入の低下による**滞納の累積** ● 長引く**慢性的**な賃料滞納 ● 不良入居者による不払 ● 夜逃げや無断転貸による不払

❷ 滞納賃料の支払請求の相手方と催告の方法

賃料支払を請求する相手方は、まずは当然、借主ですが、連帯保証人や借主の相続人に対しても、請求することができます。また、借主と同居している**配偶者**にも「**日常家事連帯債務**」として**請求することもできます**。

滞納賃料の催告の方法は、次のとおりです。

❶ 催告の要否	・**信頼関係が破壊**されたと**明らか**に認められる場合等、無催告解除でも不合理でないときには「**催告なし**」の解除も**認められる** ⚠「賃料の支払を1ヵ月でも滞納すれば貸主が催告を経ずに賃貸借契約を解除できる」という特約があっても、無催告解除は**できない**（「信頼関係が破壊された」とまではいえない） ・ただし、契約書に「無催告解除ができる」と規定していても、まずは支払の催告をしたうえで解除手続を執ることが望ましい
❷ 催告の方式	催告は**口頭でもできる**が、その事実を証拠として残す意味からも、**書面により催告**をすることが望ましい
❸ 内容証明郵便による催告	通常の催告でも状況が改善されない場合や、契約解除を求めることが目的の場合には、**配達証明付きの内容証明郵便**により催告を行うことが一般的

❸ 滞納賃料の催告の内容

催告の内容としては、次の3つが考えられます。

催告の種類	文面の例
単純催告	「滞納賃料〇〇円を、本通知書到達後〇日以内にお支払い下さい。」
契約解除予告付き催告	「滞納賃料〇〇円を、本通知書到達後〇日以内にお支払いください。万一支払なきときは、契約解除をいたしますことを申し添えます。」
条件付き契約解除通知	「滞納賃料〇〇円を、本通知書到達後〇日以内にお支払いください。万一期間内に全額の支払いなきときは、あらためて**解除通知をすることなく**、上記期限の経過をもって、**当然に**賃貸借契約は解除されたものとします。」

ひとこと

契約解除予告付き催告は、「万一支払なきときは契約解除をする」とし、支払がないことを確認後、改めて解除をするという趣旨です。これに対し、条件付き契約解除通知は、「当然に解除される」としており、催告が解除の通知も兼ねています。

❹ 契約の解除

　解除の成立には、**書面は不要**ですが、解除の意思表示が相手方に到達する必要があります。そのため、訴訟になった時の証拠として、解除の意思表示についても、配達証明付きの**内容証明郵便**で行うことが一般的です。

❺ 建物明渡しと残置物の所有権を放棄する旨の念書

　解除後、借主が**任意**に**明け渡すことを承諾**している場合には、「明渡し期限経過後の残置物の所有権を放棄する」旨の**念書**を取っておけば、自力救済の対象とならないような**粗大ゴミ**程度の残置物の場合は、借主の承諾があったものとして、**貸主**が処分できます。

ひとこと

前出❶❶❷の「滞納時や長期不在時に室内の**私物**を**処分**すること」は、他人の財産を勝手に処分することになり、**自力救済**に該当し許されません。これに対し、明渡後の残置物については、借主が所有権を放棄したと考えられるので、「粗大ゴミ」等は処分できるのです。

TRY! 過去問　　　　　　　　　　　　　　　　　　　　　H27-問22

Q 借主から退去前に取得した「借主は退去後の残置物については所有権を放棄する。」という念書がある場合、貸主は、借主が粗大ゴミを残して退去したときは、これを処分することができる。

A 退去後の残置物については、所有権を放棄する旨の念書があれば、貸主は、借主が残置した粗大ゴミを処分することができます。　〇

---

❻ 消滅時効

　消滅時効とは、一定期間の経過により、権利が消滅することをいいます。賃料等の債権は、以下の期間経過で消滅時効により消滅してしまいます。

❶ 権利を行使することができることを**知った時**から**5年**　｝どちらか**早い方**で消滅
❷ 権利を行使することが**できる時**から**10年**

(1) 時効完成の猶予制度

時効完成の猶予とは、一定期間、時効の完成が**ストップする**制度です。例えば、賃料を滞納している借主と貸主とで今後の滞納賃料の支払方法等について協議したいと思っても、時効がストップしてくれないと、協議中に時効が完成してしまうおそれがあります。そこで、一定の場合には、時効の完成が猶予されるのです。裁判上の請求をしたときや、内容証明郵便等で請求した場合（催告といいます）、時効完成が猶予されます。

(2) 時効の更新

時効の更新とは、時効のカウントが**ゼロに戻り**、再スタートする場合をいいます。裁判上の請求（訴訟）等により権利が確定した（勝訴判決が確定した）場合や借主が滞納賃料を承認した場合は、時効が更新します。

■時効の更新と時効完成の猶予

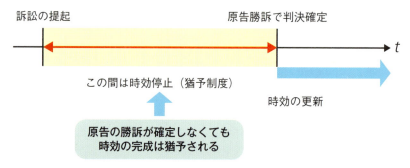

❼ 弁済充当

滞納賃料を借主が支払った場合に、支払額が滞納賃料全額に不足することがあります。**この場合**、当事者間に弁済充当の合意がないときは、支払われた賃料は、**費用、利息、元本**の順番で充当されます。

■ 弁済充当の方法

数ヵ月分の未払賃料があるとき	① 貸主・借主の合意で充当先（何月分の未払賃料に充当するか）を決める（**合意充当**） ② 合意がなければ**借主**が充当先を指定できる（**指定充当**） ③ 借主が指定**しない**場合、**貸主**が指定できる（**指定充当**） ⚠ 借主が貸主の指定した充当の方法に対して直ちに**異議**を述べたときには法定充当になる ④ 充当の指定が**ない**場合や借主が**異議**を述べた場合は、民法で定める充当の方法（**法定充当**）になる
元本・利息・費用があるとき	**費用**、**利息**、**元本**の順で充当

3 内容証明郵便と公正証書

	内容証明郵便	公正証書
意　義	いつ、どのような内容の郵便を誰が誰に宛てて出したかを**郵便局**が証明する制度 ⚠ 文書の内容の真実性までは担保しない	● **公証人**が作成する文書 ● 法律上・社会的に信頼できる文書として取り扱われる ⚠ 金銭支払請求を目的とし、債務者の同意を得て「債務者が直ちに強制執行に服する」旨が記載されている場合には、**債務名義**（➡後出 **2 3**）となり、**強制執行**をすることができる
保管場所 （内容証明郵便の場合）	● 内容文書（内容証明郵便を利用して送付する文書）の原本は、相手方に送付する ● 謄本（コピー）が2通用意され、1通は差出人に交付、1通は郵便局で**5年間**保管される	原本は、公証人役場において、原則、**20年間**保管される

107

> **ひとこと**
> 公正証書によって強制執行が認められるのは「金銭の支払」であり、建物の明渡しを強制執行することはできません。

TRY! 過去問　　　　　　　　　　　　　　　　　　　　H29-問22

Q 内容証明郵便は、いつ、どのような内容の郵便を誰が誰に宛てて出したかを郵便局（日本郵便株式会社）が証明する制度であり、文書の内容の真実性を証明するものではない。

A 内容証明郵便は、真実性までを証明するものではありません。　〇

2　未収賃料回収の法的手段

出題　H30・R1・R2

　管理業者が借主に対して滞納された賃料の請求をしても、支払がされない場合、貸主は滞納賃料の回収のため、法的手段を講じる必要があります。

1　少額訴訟

　少額訴訟とは、簡易裁判所が管轄する、訴訟の内容等が複雑困難でないものについて、時間的・経済的に軽い負担で一般市民が迅速かつ効果的な解決を求めるための訴訟手続です。原則として**1日で審理**（事実を調べて明らかにすること）**が完了**し、直ちに判決が言い渡されます。
　少額訴訟のポイントは、次のとおりです。

❶ 少額訴訟の要件

❶ 訴額が**60万円**以下の**金銭**の支払請求であること
⚠️金銭に限定されているので、明渡請求訴訟は不可
❷ 同一の簡易裁判所で同一の年に**10回**を超えて少額訴訟による審理を受けていないこと
❸ 訴えの**提起**の際に、少額訴訟による審理・裁判を求める旨を陳述すること

TRY! 過去問
H30-問21

Q 債権者は、同一の簡易裁判所において、同一の年に、同一の債務者に対して年10回を超えて少額訴訟を選択することはできないが、債務者が異なれば選択することは可能である。

A 債務者が異なっても、「同一裁判所」に「年10回」を超えて少額訴訟を利用することができません。 ✗

❷ 少額訴訟の特則

❶ 一期日審理の原則	原則、口頭弁論の**当日**で、審理が完了する
❷ 反訴の禁止	被告が、同一裁判において、口頭弁論終結前に原告を相手方として提起する訴え（**反訴**）を行うことは**禁止**される
❸ 証拠調べの制限	取り扱う証拠は、**即時**取調べが可能なものに限定される
❹ 即日判決言渡し	判決は、原則、口頭弁論の終結後、**直ちに**（当日中）言い渡される
❺ 不服申立ての制限	少額訴訟の終局判決（訴訟を完結させる判決）に対しては**控訴できない** ⚠️「**異議の申立て**」をすることはできる
❻ 判決による支払の猶予・分割払	裁判所は、必要がある場合は、判決の言渡しの日から**3年以内**で、支払猶予、もしくは分割払や遅延損害金の支払義務の免除を定めることもできる

> **ひとこと**
> **控訴**とは、**上級**の裁判所に改めて判断してもらうことをいい、**異議申立て**とは、**同じ**裁判所にもう一度判断をしてもらうことをいいます。

2 その他の法的手段

未収賃料回収の法的手段には、少額訴訟以外にも、次の方法があります。

❶ 支払督促	●賃料を滞納している借主に対し、貸主からの申立てにより、簡易裁判所の書記官が相手方に支払を命じる手続 ●借主が支払督促に異議を申し立てない場合、貸主は、仮執行宣言の申立てによって強制執行をすることができる ⚠️ 異議申立てがあった場合、支払督促の対象となっている金額が140万円超なら地方裁判所・140万円以下なら簡易裁判所での訴訟となる
❷ 民事調停	●貸主と借主が、話し合いによって相互に合意することで賃料の滞納等の紛争の解決を図る手続 ●一般市民から選ばれた調停委員が、裁判官とともに紛争の妥当な解決を図る ●調停が成立した場合、貸主は、裁判所の書記官が作成した調停調書によって強制執行をすることができる
❸ 即決和解	●貸主と借主が裁判外で話し合いができている場合に、裁判所に、その内容が適切と認められるための手続 ●貸主は、和解調書に記載された合意内容によって強制執行をすることができる
❹ 民事訴訟	●賃料の滞納について、裁判官が貸主・借主双方の言い分を聴いたり、証拠を調べた後に判決を行うことによって、紛争の解決を図る手続 ●貸主は判決書により強制執行ができる
❺ 裁判上の和解	●訴訟の途中で、裁判所の勧告により、貸主と借主がお互いに譲歩し合って紛争の解決を図る手続 ●和解の内容が和解調書に記載され、貸主はこれによって強制執行をすることができる

ひとこと 同じ和解でも、一般的に「示談」といわれる、裁判所が関与しない和解があります。示談の場合は、裁判所が関与していない以上、示談内容に違反したことにより強制執行をするときは、別途、民事訴訟の提起等が必要となります。

3 強制執行の実務

強制執行は、次の手順によります。

❶ 債務名義を得る

確定判決書等の**強制執行を基礎づける文書**を、**債務名義**といいます。この債務名義がないと債権者は強制執行することはできません。

ひとこと 代表例は、裁判所の判決や「直ちに強制執行に服する旨の陳述」が記載された公正証書です。

❷ 執行文の付与

債務名義だけでは強制執行はできず、裁判所による「強制執行してもよい」という書類があって初めて、強制執行を実行できます。これを**執行文**といい、裁判所や公証人が付与します。

■ 強制執行の実務

「債務名義」の 例	「執行文」の付与機関
確定判決・仮執行宣言付き判決・仮執行宣言付き支払督促・和解調書・調停調書 ⚠ 金銭の支払請求だけでなく明渡請求も可能	裁判所の書記官
強制執行認諾文言付き公正証書（執行証書） ⚠ 金銭の支払等の請求のみ	公証人

111

3 賃貸借と破産

1 破産の手続・効果

　貸主や借主が支払不能や債務超過にある場合、破産手続が開始することがあります。破産手続が開始すると、破産者の財産は**破産財団**と呼ばれ、裁判所が選任した**破産管財人**が管理・処分し、債権者に配当をしていきます。貸主・借主が破産した場合、以下のようになります。

貸主の破産	・借主への賃料請求は**破産管財人**（裁判所の選任した弁護士等）が行う ・借主は敷金の額まで**財産の寄託**（預けること）を要求できる
借主の破産	・貸主への賃料支払は**破産管財人**が行う ・破産手続開始前の原状回復費用の請求は破産債権（破産者に対し破産手続き開始前に発生していた債権）となる

ひとこと
借主が敷金の額まで財産の寄託を要求できるのは、そのままだと敷金も破産した貸主の財産と一緒に他の債権者にも配当され、借主に一部のみの返還か最悪まったく返還されないという可能性があるからです。しかし、敷金は借主が担保として差し入れた**借主の財産**であり、貸主の財産ではありません。そこで、配当されないように敷金の額まで寄託が認められているのです。

2 双務契約解除

　賃貸借契約のような双務契約で、貸主・借主ともに契約内容（債務）を履行していない場合、**破産管財人**は、**契約の解除か債務の履行**の**どちらか**を選ぶことができます。

ひとこと
契約当事者のどちらもまだ履行していないのであれば、契約を解除して"なかったこと"にした方が、債権者に多く配当できるケースもあるからです。

3 免責

　破産手続が終了するだけでは、破産者は賃料支払義務等の責任を**免れません**。免責許可が決定することで、債務を免れます。

TRY! **過去問**　　　　　　　　　　　　　　　　　　　　　　　R2-問25

Q 借主につき破産手続の開始が決定され、破産管財人が選任されると、貸主が賃料の支払を催告する相手方は、破産管財人となる。

A 破産管財人が財産等の管理処分をするので、破産管財人に催告します。　　○

CHAPTER 2　賃貸不動産管理の実務

Section 10　原状回復ガイドライン

重要度 A

このSectionのポイント

- ◆『原状回復をめぐるトラブルとガイドライン』
  … 原状回復時の負担割合等の一般的な基準であって、法的拘束力はありません。
- ◆ 通常損耗 … 借主の通常の使用により生ずる損耗等のこと。原則、「貸主負担」となります。
- ◆ 経過年数 … 建物や設備等の経過年数を考慮し、年数が多いほど借主の負担割合を減少させます。

1　「原状回復をめぐるトラブルとガイドライン」とは

出題 H29

　「原状回復をめぐるトラブルとガイドライン」（以下「ガイドライン」）とは、原状回復時に貸主・借主それぞれが負担すべき割合等（負担割合等）について国土交通省が作成した「一般的な基準」です。

　ガイドラインは、原状回復を「借主の居住・使用により発生した建物価値の減少のうち、借主の故意・過失、善管注意義務違反、その他通常の使用を超えるような使用による損耗・毀損を復旧すること」と定義しています。

　ガイドラインでは、近年、トラブルが急増し、大きな社会問題となっている、借主の賃貸住宅の退去時における原状回復について、原状回復に係る契約関係や費用負担等のルールを明確にしています。

2　特約の可否

出題 H27・28・29

　ガイドラインは、あくまでも負担割合等についての一般的な基準を示したもの

で、**法的拘束力はありません**。そのため、**通常損耗**分の補修費用を「**借主の負担とする特約自体は可能**」としています。

ただし、**経年変化**や**通常損耗**に対する修繕業務等を借主に負担させる特約は、借主に、法律上・社会通念上の義務とは別個の新たな義務を課すことになるため、次の要件を満たしていなければなりません。

> ❶ **特約の必要性**があり、かつ、暴利的でないなどの**客観的・合理的**理由が存在すること
> ❷ 借主が特約によって**通常の原状回復義務を超えた**修繕等の義務を負うことについて**認識**していること
> ❸ 借主が**特約による義務負担**に対する合意の**意思表示**をしていること

ひとこと
特約を設ける場合は、明確に契約書面に定め、将来借主が負担することになる原状回復等の費用について、単価等を明示しておく必要があります。

なお、万一実際にトラブルが生じて裁判等になった場合には、このガイドラインの内容が**有力な判断基準**となりますので、特約等がない場合等は、ガイドラインに示されている考え方に従って、借主が負担すべき原状回復の範囲を検討する必要があります。

TRY! 過去問　　　　　　　　　　　　　　　　　　　　H29-問24

Q ガイドラインによれば、通常損耗に関しガイドラインと異なる原状回復の取扱いを定める場合、賃貸借契約締結時に「通常損耗は賃借人の負担である。」と伝えれば足り、その旨を賃貸借契約書に具体的に記載したり、その旨を借主が明確に認識して合意の内容とすることまでは要しない。

A ガイドラインと異なる原状回復上の通常損耗に関する「補修特約」を定めるにあたっては、賃貸契約書に具体的に記載される等、明確に合意されていることが必要です。　　　　　　　　　　　　　　　　　　　　　　　　　　　✗

3 原状回復の原則

出題
H27・28・29・30・R1・R2

1 損耗等の区分

ガイドラインでは、建物の損耗等を**建物価値の減少**と位置づけ、負担割合等のあり方を検討するにあたり、損耗等を次の3つに区分しています。

❶ 経年変化による損耗	建物・設備等の**自然的**な劣化・損耗等
❷ 通常損耗	借主の**通常の使用**により生ずる損耗等
❸ その他	借主の**故意・過失**、善管注意義務違反、**通常を超える使用**による損耗等

2 原状回復費用の負担

ガイドラインは、原状回復の際に貸主・借主それぞれが負担すべき費用について、次のようなルールを設けています。

■原状回復費用の負担の区分

負担の区分	対象
貸主負担	❶ 経年変化　❷ 通常損耗 ❸ **グレードアップ**を含むもの（**次の入居者**を確保する目的で行う設備の交換・化粧直しなどの**リフォーム**等、建物の価値を増大させるような修繕等）
借主負担	❶ 借主の故意・過失　❷ 借主の善管注意義務違反 ❸ 通常損耗を**超える**もの ❹ 通常損耗の範囲内であったが、その後の手入れ等**借主の管理が悪**く、損耗等が**発生・拡大**したと考えられるもの

ひとこと

震災等の不可抗力による損耗、例えば上階の居住者等、借主と無関係な第三者がもたらした損耗等については、借主ではなく、当然、貸主が負担すべきです。

TRY! 過去問 H29-問26

Q ガイドラインによれば、借主が通常の住まい方、使い方をしても発生すると考えられる損耗等であって、その後の手入れ等借主の管理が悪かったために、その損耗等が発生又は拡大したと考えられるものは、貸主が負担すべきであるとされている。

A 借主の管理が悪かったために損耗が発生・拡大したものは、「借主の負担」となります。　✗

■ 賃貸住宅の価値（建物価値）

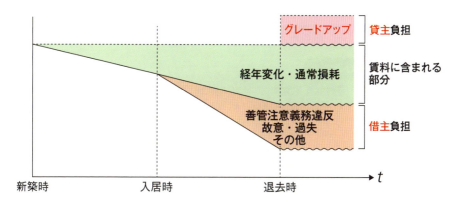

ひとこと

ただし、これらの負担割合の区分は、あくまで一般的な事例を想定していますので、借主の負担を、より詳細に決定することも可能です。

3 経過年数の考え方（どの時点の価値まで回復すべきか）

ガイドラインでは、「借主の故意・過失による損耗は借主負担」とされていますが、ある時点で既に建物や設備に経年変化が生じていた場合にまで修繕費用のすべてを借主負担とするのは公平ではありません。例えば、借主が入居した時、既に数年使用されていたクロスの張替え費用について、「損耗について借主に故意があるから借主が全額を負担しなければならない」とするのは、借主の負担が重すぎます。

そこで、ガイドラインでは、経年変化や通常損耗にかかる**借主の負担**については、借主の故意・過失等による損耗であっても、「建物や設備等の経過年数を考慮し、**年数が多い**ほど負担割合を**減少**させるとするのが適当」としています。

ひとこと

借主は、**経年変化・通常損耗の負担分**は、賃料に含めて支払ってきていると考えられるため、本来それらは、借主が明渡し時に負担すべき費用からは**除外**すべきだからです。

■ 設備等の経過年数と借主負担の割合（耐用年数6年・定額法の場合）

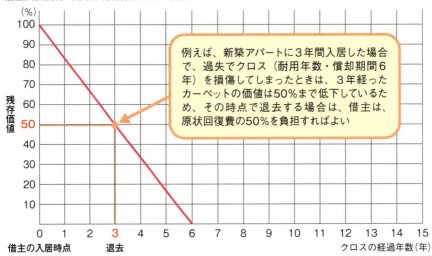

4 入居年数による代替

　賃貸物件によっては、入居した際に、既に設備が設置されてから何年か経過していることもあります。そのような場合にまで、借主負担割合を「**100％**」からスタートすることは、妥当ではありません。

　そこでガイドラインでは、賃貸物件が契約時に**新築ではない**（設備等が新品でない）場合、借主の負担割合を決める経過年数のグラフを、**入居年数**に応じて**下方にシフト**させて使用するとしています。

■借主の入居時の状態と借主負担の割合（耐用年数6年・定額法の場合）

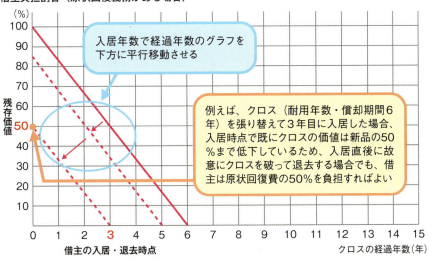

ひとこと

借主が、経過年数を超えていても継続して使用可能な設備を破損した場合は、残存価値に相当する修繕費を負担しなければなりません。

> **ひとこと**
> 入居時点の状態で「**グラフの出発点**」をどこにするか（例えば、入居前直に交換した設備は100％、張り替えていないクロスは50％等）は、契約当事者が確認のうえ、**あらかじめ協議して決定**することが適当です。

5 建物各部位の負担の区分や負担の割合等

建物各部位に関する「**負担区分**（どのような劣化について、貸主・借主のどちらが原状回復の費用を負担するか）」について、その**負担割合や経過年数の考慮**については、次のとおりです。

❶ 床（畳・フローリング・カーペット等）

❶ 貸主の負担	畳の裏返し・ワックスがけ・家具による床等のへこみ・畳の変色等			
❷ **借主**の負担		借主の**過失**によるシミ・カビ・冷蔵庫下のサビ跡・畳やフローリングの色落ち等		
	畳	負担割合	原則	1**枚**単位
			例外	毀損等が複数枚にわたる場合は、その枚数
		経過年数の考慮	畳表は**考慮しない** ⚠️消耗品と同じ扱い 畳床は「耐用年数6年」として負担割合を算定する	
	カーペット・クッションフロア	負担割合	毀損等が複数箇所にわたる場合は、当該居室全体	
		経過年数の考慮	「耐用年数**6年**」として負担割合を算定する	

フローリング	負担割合	原則	㎡単位
		例外	毀損等が複数箇所にわたる場合は、当該居室全体
	経過年数の考慮	原則	考慮しない
		例外	フローリング全体を張り替えた場合は、当該建物の耐用年数から負担割合を算定する

ひとこと

フローリングはクロス等と異なり、経過年数は考慮せずに、借主が部分補修や張替えの費用を負担しなければなりません。つまり、年数が経過していても、借主の負担は減少しないのです。

❷ 壁、天井（クロス等）

❶ 貸主の負担	冷蔵庫等の後部壁面の黒ずみ・壁のポスター等の跡・下地ボードの**張替えが不要**な画鋲穴等・エアコン設置の壁のビス穴・日照等によるクロスの変色
❷ **借主**の負担	台所の油汚れ・結露放置によるカビ・シミ・タバコ等のヤニ・臭い・下地ボードの**張替えが必要**な画鋲穴・クーラーの水漏れ放置による腐食・天井に直接つけた照明器具の跡

❷ **借主**の負担	壁（クロス）	負担割合	原則 ㎡単位
			例外 ・借主が毀損させた箇所を含む１面分までは、張替え費用を**借主**負担とできる ・喫煙等により当該居室全体でクロス等がヤニで**変色**したり**臭い**が付着した場合のみ、当該居室**全体**のクリーニングまたは**張替費用**を借主負担とする
		経過年数の考慮	「耐用年数**6年**」として負担割合を算定する

> **ひとこと**
> 例えば、借主がクロスに故意に落書きを行った場合、当該クロスが耐用年数を超えていても、これを消すための費用（**工事費や人件費等**）については、借主の負担となることがあるとされています。

❸ 建具（襖・柱等）

❶ 貸主の負担	入居者確保のための網戸の張替え・地震等で破損したガラス・網入りガラスの亀裂				
❷ 借主の負担	ペットによる柱等のキズ・臭い、落書き等の故意による毀損				
	襖	負担割合	**1枚**単位		
		経過年数の考慮	襖紙・障子紙	考慮しない ⚠消耗品と同じ扱い	
			襖・障子等の建具部分	原則	考慮しない
				例外	考慮する場合は、当該建物の耐用年数で負担割合を算定する
	柱	負担割合	**1本**単位		
		経過年数の考慮	原則	考慮しない	
			例外	考慮する場合は、当該建物の耐用年数で、負担割合を算定する	

❹ 附帯設備等

❶ **貸主**の負担	全体のハウスクリーニング（専門業者によるもの）・**エアコンの内部洗浄**・台所・トイレの消毒・新規入居者確保のための浴槽、風呂釜等の取替え 		
❷ **借主**の負担	コンロや換気扇等の油汚れ等・風呂等の水アカやカビ等・不適切な手入れ等による設備の毀損・戸建賃貸住宅の庭に生い茂った草（借主が適切に草取りをしていない場合）		
	設備機器	負担割合	各耐用年数で、負担割合を算定する（新品交換の場合も同じ） ⚠ ユニットバス・浴槽・建物に固着している下駄箱は、建物と同じ耐用年数になる
		経過年数の考慮	各耐用年数による
	鍵	負担割合	紛失の場合は、交換費用相当分を「全額借主負担」とする
		経過年数の考慮	考慮**しない**
	クリーニング	負担割合	通常の清掃を**実施していない**場合で、部位もしくは住戸全体の清掃費用相当分を「全額借主負担」とする
		経過年数の考慮	考慮**しない**

TRY! 過去問 H29-問27

Q ガイドラインによれば、壁等のクロスは、㎡単位で張替え費用を借主に負担させるべきであり、毀損箇所を含む1面分を借主に負担させることはできない。

A 借主が毀損させた箇所を含む1面分までは、張替え費用を借主負担とすることができます。 ✕

Section 11 賃貸不動産を取り巻く状況

CHAPTER 2　賃貸不動産管理の実務

重要度 C

このSectionのポイント

- ◆ 空き家対策 ………… 地方公共団体の条例で、空き家の強制撤去を可能にしています。
- ◆ 新設住宅着工数 … 平成23年を底として、全体として回復傾向にあります。
- ◆ 不動産適正取引推進機構に対して寄せられた相談件数
   … 一番多い相談内容は「原状回復」です。

1 空き家対策

出題 H28・29

空き家の増加は、有用な資源である土地や建物が有効活用されていないだけでなく、防災や防犯等の問題により、周辺環境への影響の観点からも問題となります。

1 空き家対策の現状

空き家への対処の方向性は、「撤去」と「有効活用」の2つに大きく分けられますが、次の問題があるため、なかなか進まないのが実情です。

❶ 撤去に関する問題点	● うわもの（建物）を撤去してしまうと、住宅用地としての固定資産税の軽減措置が受けられなくなる ● 相続等によって現在の権利者が不明だったり、相続人が複数人いるために撤去の同意が得られない
❷ 有効活用に関する問題点	● 建物所有者に賃貸不動産経営の経験がないケースが多い ● 修繕義務が借主負担となっている等、契約関係について特別な取扱いが考慮される場合がある ● そもそも現在、賃貸市場に出ていない物件である

2 国による空き家への対応

国が行う空き家への対応として、固定資産税の取扱い（増税・減免措置）の検討や、空き家再生等推進事業・民間住宅セーフティネット整備推進事業への取組み、また、大規模自然災害の発生時における被災者への住居の確保という観点から空き家の活用について議論を開始する等、さまざまな方策が進められています。

3 地方公共団体による空き家への対応

現在、地方公共団体では「空き家条例」を制定し、必要に応じて、一定の手続をすることで**強制撤去**を可能にしたり、地方公共団体に窓口を設置し、**相談体制**を構築する等の取組みが行われています。

4 空家等対策の推進に関する特別措置法

平成27（2015）年2月に施行された「空家等対策の推進に関する特別措置法」では、次のような「空き家対策」が規定されています。

❶ 国による**基本指針**の作成、市町村による**基本計画**の策定等
❷ 市町村長による、固定資産税等の課税のための空き家等についての情報利用
❸ 空き家等・その跡地の**活用**
❹ 市町村長による、倒壊等が著しく、保安上危険となるおそれのある状態等にある空き家等についての**除去**等の勧告・命令等
❺ **財政**上の措置・**税制**上の増税・減税措置等

5 空き家の賃貸住宅化の推進と賃貸不動産管理の重要性

空き家を有効活用するためには、賃貸物件とするケースも有用です。空き家問題に対する積極的な関与と適切な取組みは、賃貸不動産管理業者のビジネスチャンスとなるとともに、その適切な業務の遂行により、賃貸不動産の管理が担う社会的使命や**公共の福祉**の実現にも資するものとなります。

そのため、**賃貸不動産経営管理士には**、空き家対策の中心的な担い手として、次のような役割が期待されています。

❶ 空き家の現状や空き家政策の動向を注視すること
❷ 空き家活用のための新たなビジネスモデルの構築等を研究すること
❸ 空き家の所有者に対する最良の**アドバイス**ができるよう、研鑽すること

2 住生活基本法・住生活基本計画

出題 R1・R2

平成18（2006）年に施行された住生活基本法に基づいて平成28年（2016）年に整備された住生活基本計画は、令和3年3月19日に改訂され、令和3年度から令和12年度までを計画期間として、次の目標をさだめています。

目標1 「新たな日常」やDXの進展等に対応した新しい住まい方の実現	① 国民の新たな生活観をかなえる居住の場の**多様化**及び生活状況に応じて住まいを柔軟に選択できる居住の場の**柔軟化**の推進 ② AI等**新技術を活用**した住宅の契約・取引プロセスのDX、住宅の生産・管理プロセスのDXの推進
目標2 頻発・激甚化する災害新ステージにおける安全な住宅・住宅地の形成と被災者の住まいの確保	① **安全**な住宅・住宅地の形成 ② 災害発生時における被災者の住まいの**早急な確保**
目標3 子どもを産み育てやすい住まいの実現	① **子ども**を産み育てやすく良質な**住宅の確保** ② **子育て**しやすい**居住環境**の実現とまちづくり
目標4 多様な世代が支え合い、高齢者等が健康で安心して暮らせるコミュニティの形成とまちづくり	① **高齢者、障害者**等が健康で安心して暮らせる**住まいの確保** ② 支え合いで**多世代が共生**する持続可能で豊かなコミュニティの形成とまちづくり
目標5 住宅確保要配慮者が安心して暮らせるセーフティネット機能の整備	① **住宅確保要配慮者**（低額所得者、高齢者、障害者、外国人等）の住まいの確保 ② 福祉政策と一体となった**住宅確保要配慮者**の入居・生活支援

目標6 脱炭素社会に向けた住宅循環システムの構築と良質な住宅ストックの形成	① ライフスタイルに合わせた**柔軟な住替え**を可能とする既存住宅流通の活性化 ② 長寿命化に向けた適切な**維持管理・修繕**、老朽化マンションの**再生**（建替え・マンション敷地売却）の円滑化 ③ 世代をこえて既存住宅として取引されうる**ストックの形成**
目標7 空き家の状況に応じた適切な管理・除却・利活用の一体的推進	① **空き家**の適切な管理の促進とともに、周辺の居住環境に悪影響を及ぼす空き家の除却 ② 立地・管理状況の良好な**空き家**の多様な利活用の推進
目標8 居住者の利便性や豊かさを向上させる住生活産業の発展	① 地域経済を支える裾野の広い**住生活産業の担い手**の確保・育成 ② **新技術**の開発や新分野への進出等による生産性向上や海外展開の環境整備を通じた住生活産業の更なる成長

3 賃貸住宅着工数の推移

出題 H27

　賃貸住宅の新設住宅着工数は、平成23（2011）年を底として、全体として**回復傾向**にあります。なお、平成25（2013）年は消費税増税の駆け込み需要で大幅増加しましたが、その反動で**平成26（2014）年は減少**しました。その後、平成29（2017）年は約41万戸、平成30（2018）年は約40万戸となっています。

■ **新設住宅着工数**（単位：万戸）

■ 持家系　■ 借家系

（総戸数）

	H23 (2011)	H24 (2012)	H25 (2013)	H26 (2014)	H27 (2015)	H28 (2016)	H29 (2017)	H30 (2018)	R元年 (2019)
総戸数	84.1	89.3	98.7	88	92.1	97.4	94.6	95.3	88.4
借家系	29.7	32.7	37.5	36.6	39	43.3	41.6	39.8	34.1
持家系	54.4	56.6	61.2	51.4	53.1	54.1	53.1	55.5	54.3

国土交通省 2018年 新設住宅着工数

4 不動産適正取引推進機構に寄せられた相談

　平成29（2017）年度に（一財）不動産適正取引推進機構に対して寄せられた相談件数は、全体で4,773件でした。相談内容の内訳として**一番多いのは**「**原状回復**」で、次いで「**瑕疵・欠陥問題**」となっています。

■ 賃貸住宅に関する相談内容の内訳（平成29年度）

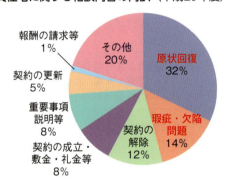

（一財）不動産適正取引推進機構

CHAPTER 3

実務に関する法令等

CHAPTER 3　実務に関する法令等

Section 1　賃貸借契約 ①（貸主・借主の権利・義務）

重要度 A

このSectionのポイント

- ◆ <u>修繕義務</u> … 貸主は、物件を<u>使用・収益</u>するための修繕義務を負います。
- ◆ <u>必要費</u> …… 物件の修繕等のために貸主の代わりに<u>借主が支払った費用</u>
- ◆ <u>有益費</u> …… 物件の価値を増加させる費用

1　民法と借地借家法の関係

　アパートなどの賃貸物件について、賃料を支払って借り受ける契約を、**賃貸借契約**（借家契約）といいます。賃貸借契約は、原則、**民法**が規定していますが、民法上の賃貸借の規定が適用される範囲は幅広く、例えば、ＤＶＤのレンタル等の手軽な取引から不動産のように人の一生を左右するような重大な取引までもが対象となります。

　しかし、ＤＶＤと不動産を民法の規定のみで一律に扱うには無理があります。また、特に、アパートなどの賃貸借では、借主は賃貸物件で生活していますので、なるべく契約を長期間継続できるよう配慮する必要があります。そこで、**不動産**の賃貸借に関しては、**借地借家法**という特別な法律で、借主を保護しています。

ひとこと

以下、「**賃貸物件**についての賃貸借」をメインに、様々なケースを見ていきましょう。

2 賃貸借契約の成立

賃貸借契約は、借主からの賃貸借の申込みに対し、貸主が承諾をすれば、承諾の時に成立します。つまり、**物件の引渡しや賃貸借契約書の作成**は**不要**です。このように当事者の合意で成立する契約を**諾成契約**といいます。

ひとこと

ただし、**定期**建物賃貸借契約（⇒後出Section ❸）は、書面（契約書）で締結しなければ、成立しません。

TRY! 過去問 H27-問13

Q 賃貸借契約が成立するためには、貸主、借主が署名押印する賃貸借契約書の作成が必要である。

A 賃貸借契約は、契約書を作成しなくても成立します。　✕

3 貸主の修繕義務等

貸主は、賃貸物件の使用・収益に**必要な修繕**をしなければなりません。貸主は、借主から、物件の使用の対価として賃料を受け取っているので、故障等が発生した際に何もしないのはフェアではないからです。そのため、貸主には、借主が物件を問題なく**使用できる状態**になるように修繕する義務があります。

ひとこと

貸主が必要な修繕をしないことで、借主が賃貸物件を使用できない状況が生じた場合、貸主に**債務不履行責任**が生じるおそれがあります。

❶ 修繕義務の有無

災害等の不可抗力による損傷の場合であっても、貸主は修繕義務を負います。しかし、被害が大きすぎたり、修繕に多大な費用がかかるため修繕をすることが不可能な場合や、借主が損傷させた場合は、**貸主に修繕義務はありません**。また、マンションの賃貸では、賃貸した部屋だけでなく、廊下等の共用部分も修繕義務の対象となります。

貸主が 修 繕 義 務 を **負う** 場合	● 天変地異等の不可抗力による損傷 ● 借主の**入居以前**からの欠陥（**例** 雨漏り等）
貸主が 修繕義務を **負わない** 場合	● 修繕が**できない**場合（被害が大きい場合や過多な費用がかかる場合） ● **借主の責任**で修繕が必要となった場合

TRY! 過去問   H29-問17

Q 賃貸建物が損傷した場合において、その原因が天変地異等、不可抗力によるものであるときは、貸主は賃貸建物を修繕する義務を負わない。

- -

A 損傷の原因が、天変地異等の不可抗力であっても、貸主は修繕義務を負います。　　　　　　　　　　　　　　　　　　　　　　　　　　　　**✗**

❷ 修繕費用の負担

修繕費用は、原則、**貸主負担**です。なお、**特約**で、小さな修繕は借主負担とすることもできます。

原則	● **貸主**が負担する ● 借主が負担した場合は、借主は費用の償還請求ができる
例外	**特約**で、小さな修繕は**借主**負担とすることも可能

❸ 借主による修繕

賃貸物件に修繕が必要な場合でも、すぐに貸主が対応できるとは限りません。また、台風や地震といった災害による被害など、即座に借主が修繕をせざるを得ない場合もあります。

そこで、次の場合には、借主が修繕をすることができるとしています。

❶ 借主が、貸主に修繕が必要である旨を**通知**したが、相当の期間内に修繕をしないとき
❷ 貸主が、修繕が必要であることを**知っていながら**、相当の期間内に修繕をしないとき
❸ **差し迫った**事情があるとき

ひとこと

借主は、賃貸物件に修繕が必要なときは、遅滞なく、貸主に**通知**しなければなりません。なお、貸主がすでに修繕が必要なことを知っている場合は、**通知は不要**です。

❹ 借主の修繕の受忍義務

貸主が、賃貸物件の保存に必要な行為（**例** 修繕工事）をしようとするときで、借主の協力が必要となる場合には、借主は、その修繕を**拒否**することが**できません**。

ひとこと

貸主の修繕により、借主が賃貸借の目的を達成することができない（例えば、住み続けることができない）場合は、借主は賃貸借契約を**解除**することができます。

4 費用の負担

出題 H27・28・30

❶ 必要費・有益費

賃貸借契約で発生する費用には、**必要費**と**有益費**の2種類があります。

❶ 必要費	本来は貸主が修繕すべき箇所を、借主が修繕したときにかかる費用のこと
❷ 有益費	建物を使用する上で必要な費用ではないが、支出することで**建物の価値が増加**する費用のこと（**例** 改装費用）

133

必要費と有益費は、ともに、借主は貸主に返還を請求できますが、支払額や支払時期について、次のような違いがあります。

■ 必要費と有益費の違い

	必要費	有益費
内　容	目的物の**保存に必要**な費用	目的物の**価値を増加**させる費用
返還時期	支出したら**すぐ**	契約**終了**時 ⚠️終了時に、価値の増加が現存していることが必要
返還額	全額	支出額または現存増加額の、どちらか賃貸人が選択した方

TRY! 過去問   H29-問17

Q 借主は、賃貸建物について雨漏りの修繕費用を支出したときは、貸主に対し、賃貸借契約終了時に賃貸建物の価格の増加が現存する場合に限り、支出した費用又は増加額の償還を請求することができる。

A 雨漏りの修繕費用は「必要費」に該当するので、賃貸借の終了時ではなく、「直ちに」費用の償還請求をすることができます。　　　　　　　　**✗**

❷ 造作買取請求権

貸主の**同意**を得て建物に付加した造作（畳等）がある場合、借主は、建物の賃貸借が終了する時に、貸主に対して、造作を、時価で買い取ることを請求できます。ただし、この請求権は、**特約で排除**することができます。

TRY! 過去問   H30-問15

Q 借主が貸主の同意を得て賃貸建物に設置した造作について、建物明渡し時に買取請求権を行使することができない旨の特約は、有効である。

A 本問のとおり、造作買取請求権は、特約で排除することができます。　　**◯**

5 賃料等の支払

出題 H27・28・29・30・R1

1 賃料の支払義務

借主には賃料を支払う義務があり、「いつ・どこで支払うか」については、次のように規定されています。

賃料の支払時期	● 原則、**毎月末**に支払う（後払） ● 特約で、前月末までに支払う（先払）とすることもできる
賃料の支払場所	● 原則、債権者（貸主）の**住所**に**持参**して支払う ● 特約で「口座振込」とすることもできる

貸主や借主が複数いる場合の賃料の支払義務は、請求できる額に、次のような違いがあります。

❶ **貸主**が複数の場合（共同貸主）

貸主①

貸主②

自分の持分の割合で請求

借主

貸主は、各自が有する権利（持分）の割合によって**分割**された範囲でしか賃料を請求できない

❷ **借主**が複数の場合（共同借主）

貸主

全額請求できる

借主①

借主②

借主各々が貸主に対して、賃料の**全額**の支払義務を負う
→つまり、貸主は、共同借主の誰に対しても、賃料の全額請求ができる

ひとこと

例えば、貸主①の持分が $\frac{2}{3}$、貸主②の持分が $\frac{1}{3}$ の場合で、それぞれ請求できるのは、貸主①は賃料の $\frac{2}{3}$ まで、貸主②は賃料の $\frac{1}{3}$ までであり、どちらも全額を請求することはできません。

❶ 弁済の提供

賃料の支払をすることを、**弁済の提供**といいます。借主は、貸主に対して**弁済の提供**をしていれば、貸主が賃料の受領を拒んでも、**債務不履行責任を負うことはありません**。なお、この場合でも、借主の**賃料支払義務が消滅するわけではありません**。

❷ 供託

賃料は貸主に支払うのが原則ですが、貸主が受領を拒んだり、貸主の死亡後の相続人が不明で、誰に支払っていいのかわからないことがあります。この場合、借主は、賃料を**供託**することで、賃料の**支払債務を免れます**。

① 供託原因

供託は、以下の場合に可能となります。

> ❶ 弁済の提供をしたが、債権者がその受領を拒む場合（**受領拒絶**）
> ❷ 債権者が弁済を受領することができない場合（**受領不能**）
> ❸ 過失なく債権者を確知することができない場合（**債権者不確知**）

② 供託の通知

借主は、賃料の供託後、遅滞なく、債権者に**供託の通知**をしなければなりません。

③ 供託金の受領

貸主は、**いつでも供託金**（供託された賃料）を**受領できます**。この場合、供託所に備えられている**払渡請求書**（還付請求書）に**供託通知書**等を添えて供託所に提出することで供託金を受領できます。

> **ひとこと**
> **供託**とは、国の機関である供託所（法務局・地方法務局）にお金などを預けることで、賃料を支払ったことと同じ効果が生じる制度です。

2 賃料の増減額請求権

物件の賃料が、租税その他の負担の増減や建物の価格の上昇・低下その他の経済情勢の変動等により、または近隣の同じような物件の賃料に比較して不相当となったときは、賃貸借契約の当初の設定条件にかかわらず、貸主または借主は、**将来に向かって**建物の借賃の額の**増減**を**請求**することができます。

なお、増額をしない旨の特約をすることはできますが、その一方で、**減額をしない旨の特約**は、借主を保護するために、原則、**無効**となります。

❶ 増額をしない旨の特約 … 有効
❷ 減額をしない旨の特約 … 無効
　⚠ 定期建物賃貸借（➡後出Section ❸）の場合は、減額しない旨の特約も**有効**

ひとこと
賃料の増・減額請求について訴訟をする前に調停を行わなければなりません。

また、当事者間で増額請求・減額請求を行った場合の賃料の支払は、次のようになります。

増額請求	裁判が確定するまでは、**借主**は、相当と認める額の賃料を支払えばよい ⚠ 裁判で増額が確定した場合、借主が既に支払った額に不足があるときは、借主は**年1割**の割合による**支払期後の利息**を付して払わなければなりません
減額請求	裁判が確定するまでは、**貸主**は、相当と認める額の賃料を請求できる ⚠ 裁判で減額が確定した場合において、貸主が既に受領した賃料額が減額後の賃料を超えるときは、貸主はその**超過額**に**年1割**による受領の時からの利息を付してこれを返還しなければなりません

ひとこと
「相当と認める額」とは、たとえば今まで支払ってきた賃料と同額でもよいということです。

なお、賃貸借契約の約定に「**賃料の増減は協議による**」との記載があった場合でも、当事者の協議を経ずに、**増減額請求をすることができます**。

> **TRY! 過去問**　　　　　　　　　　　　　　　　　　　　　　H27-問26
>
> **Q** 普通建物賃貸借契約において、一定期間、賃料の減額しない旨の特約がある場合であっても、借主は、当該期間中、賃料の減額を請求することができる。
>
> **A** 「減額をしない旨の特約」は、借主保護の趣旨に反し、無効ですので、借主は減額請求をすることができます。　　　　　　　　　　　　　　〇

3 共益費

　共益費とは、一般的に、階段廊下等の共用部分の光熱費や上下水道使用料、清掃費用等の**日常の維持管理に必要な費用**をいい、家賃とは別に、毎月支払わなければなりません。

6 保管義務

出題 R1・R2

　借主は、賃貸借契約終了後、賃貸物件を返還しなければなりません。そのため、借主は賃貸物件を、引渡しまで**損傷**しないように**善良な管理者としての注意**（社会的地位等から求められる一般的な注意）をもって**保管**しなければなりません。

> **ひとこと**
> 転貸借契約の場合、転借人の保管義務違反による賃貸物件の損傷等については、転借人だけでなく、**転貸人**（貸主からみた借主）も、貸主に対して損害賠償責任等を負います。

TRY! 過去問　R1-問17

Q 親族が貸主である賃貸借契約の場合、借主は、賃貸借契約終了後、賃貸物件返還までの間、同物件を自己の財産のためにするのと同一の注意義務をもって保管すればよい。

A 親族が貸主であっても、善管注意義務をもって保管しなければなりません。✕

7 用法の遵守義務
出題 H28

　借主は、賃貸借契約またはその賃貸物件の性質によって定められた利用方法（例 居住用であるため店舗として使用しない・廊下等に私物を置かない等）に従って、賃貸物件を使用・収益しなければなりません。そして、建物を勝手に増改築したり、危険・迷惑行為をすることは、**用法遵守義務違反**として、損害賠償請求や契約解除の対象となります。

ひとこと
なお、貸主が用法遵守義務違反を理由に損害賠償請求をする場合、物件の返還を受けてから1年以内にしなければなりません。

8 原状回復

　借主は、賃貸物件の引渡しを受けた後に生じた損傷について、賃貸借契約が終了したときは、その損傷を**原状に回復する義務**を負います。

ひとこと
①通常の使用及び収益によって生じた賃借物の損耗、②賃貸物件の経年変化、③借主の責めに帰することができない事由による損傷については、借主は原状に回復する義務を負いません。

9 賃借権の対抗要件

対抗要件とは、自分の権利を**他人に主張**するために必要な条件のことです。

不動産の賃貸借の場合、**不動産登記**をすることが対抗要件となります。ただし、賃借権の登記については、借主は、貸主に対して登記への協力を強制することができません。

そこで、借地借家法では、登記以外にも、**賃貸物件**（借家）**の引渡し**を、特別に、対抗要件として認めています。

ひとこと

不動産登記とは、法務局にある登記簿に、その物件に関する自分の権利を記録することです。これにより、自分の権利（所有権や賃借権）を証明できるようになります。

CHAPTER 3　実務に関する法令等

Section 2　賃貸借契約②（敷金等）

重要度 A

このSectionのポイント

- ◆ 敷金 …… 契約期間中に生じた未払賃料や物件の損傷等を担保するため、借主が貸主に預ける金銭
- ◆ 保証金 … 借主から貸主に支払われる一時金で、①敷金と同趣旨、または②金銭の貸借と判断される２種類があります。
- ◆ 礼金 …… 借主から貸主に支払われる、返還されない一時金
- ◆ 敷引き … 「賃貸物件の明渡し時には敷金から一定の額を控除する」旨の合意のこと

1　「敷金」の意義

出題　H28・29・30・R1・R2

　敷金とは、一般的に、アパート等の賃貸物件の賃貸借契約で、契約終了後から物件を貸主に返還するまでの間に生じた**賃料の未払**や、**物件の損傷**によって発生する原状回復費用や損害賠償等の一切の債権を担保する目的で、借主から貸主に預けられる金銭をいいます。

　貸主は、建物の明渡し前でも、**任意**に敷金を未払賃料に充当させることができますが、借主が敷金を未払賃料に充当するように請求することはできません。

　また、貸主は賃貸借契約が終了し、かつ、賃貸物件の引渡しを受けたときに、敷金から未払賃料等を控除した残額を返還しなければなりません。

ひとこと

建物の賃貸借契約では、建物の明渡しの後に敷金を精算して返還します。つまり、「明渡し」が先、「敷金の返還」が後になります。

141

> **TRY! 過去問** H28-問21
>
> **Q** 敷金返還請求権は、賃貸借契約が終了し、借主が建物を明け渡したときに発生するから、貸主は、借主が建物を明け渡すまでの間に、未払賃料に敷金を充当することはできない。
>
> **A** 貸主は、敷金の預入れ後、借主が建物を明け渡すまでの間に賃料不払等の事由が発生すれば、いつでも任意に敷金を充当することができます。　✕

2　敷金の承継

出題 H28・29・30・R2

　賃貸借契約の途中で、貸主や借主が交代することもあります。この場合、問題となるのは**敷金**です。新しい貸主や新しい借主に引き継がれるのか、もしくは、貸主や借主が交代した時点で精算するのか、その取扱いについては、次のようになります。

❶ 貸主の交代

賃貸借契約

貸主　　　　借主

敷金は**承継**する

新貸主

貸主が交代した場合、新貸主に敷金が**承継される**

⚠ 貸主の交代とともに敷金が承継されなければ、借主はオーナー（貸主）が変わるたびに敷金を差し入れ直す必要があり、借主の負担が大きいため

❷ 借主の交代

賃貸借契約

貸主　　　　借主

敷金は**承継しない** ✕

新借主

借主が交代した場合、敷金は**承継されない**

⚠ 借主が交代した場合に敷金が承継されると、借主自身が差し入れた敷金で新借主の未払賃料等が担保されることになるため

TRY！ 過去問　　　　　　　　　　　　　　　H29-問14

Q 貸主が、建物を借主に引き渡した後、第三者に当該建物を売却し、所有権移転登記を完了した場合、特段の事情がない限り、敷金に関する権利義務は当然に第三者に承継される。

A 本問のとおり、敷金に関する権利義務は、当然に第三者（新貸主）に承継されます。　〇

3　敷金返還請求権の譲渡・差押え

出題 H28・R1・R2

　敷金返還請求権は、借主が貸主に対して敷金を返してもらうための権利です。敷金返還請求権は、**他人に譲渡**したり、第三者である債権者が自己の債権（貸付金等）の回収のために**差し押さえる**ことも認められています。

ひとこと
借主の債権者が、**賃貸借契約の継続中に敷金返還請求権を差し押さえた場合で**、借主が建物を**明け渡した時**に貸主は、未払賃料額等を控除した後の残額の敷金を差押債権者に支払えば足りることになります。

■ 敷金の差押え

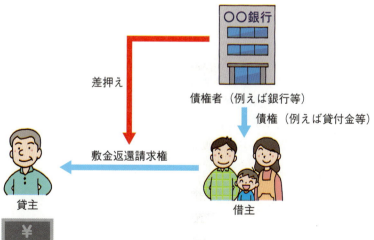

4 敷金以外の一時金

1 保証金

　事業用のビル等の賃貸借の場合、**保証金**の名目で、**一時金**として、契約の締結に際して金銭の授受が行われることがあります。

　保証金の性質については、**法律には具体的な定めがありません**。そのため、契約当事者は、どのような目的で保証金が授受されたのかを、**契約書に明確に定めておく必要**があります。

ひとこと

保証金を、①敷金と同様に扱うとする場合や、その一方で、②賃貸借契約とは無関係の**金銭消費貸借契約**（お金の貸し借りの契約）と判断する場合等があります。

2 礼金

　礼金とは、賃貸借契約時に、**返還されない一時金**として、借主から貸主に支払われる金銭です。礼金は、契約終了後の返還義務がないという点で、「敷金」や「保証金」等の預託金とは性質が異なります。

3 敷引き

　敷引きとは、借主の故意・過失による損傷があるか否かにかかわらず、賃貸物件の明渡し時に、**預けておいた敷金から一定の額を控除する旨の合意**のことで、一般的に「敷引特約」または「償却合意」といわれます。

　判例は、貸主が契約条件の１つとして敷引特約を定め、借主がこれを明確に認識したうえで賃貸借契約の締結をしている場合で、かつ、敷引金の額が、賃料等に比べて高額すぎなければ、消費者である借主の利益を一方的に害するものとはいえないとして、敷引特約を**有効**としています。

CHAPTER 3　実務に関する法令等

Section 3　賃貸借契約 ③（存続期間・更新等）

重要度 A

このSectionのポイント

- ◆ 合意更新 ………… 貸主・借主間で更新後の契約内容に合意して行う更新
- ◆ 法定更新 ………… 貸主・借主が更新拒絶をしない場合に自動的に行われる更新
- ◆ 定期建物賃貸借 … 更新がなく、契約で定めた期間が満了すれば必ず終了する賃貸借契約

1　賃貸借契約の存続期間

　民法には、契約期間の上限を50年とする規定がありますが、不動産の賃貸借では、借地借家法が適用されるため、契約期間の上限はありません。また、建物の賃貸借（借家）契約の場合、定期建物賃貸借を除き、「契約期間は最低1年以上」とする必要があり、1年未満の期間を定めた時は、「**期間の定めのない**賃貸借契約」として取り扱われます。

> **ひとこと**
> 「期間の定めのない賃貸借契約」とは、契約期間の設定がそもそもないため、期間満了で「契約終了」あるいは「更新」と**ならない契約**のことです。したがって、終了させる場合は、当事者の一方から解約申入れをしなければなりません。

145

2 賃貸借契約の更新

出題 H27・28・29・30・R2

賃貸借契約の存続期間が満了した後も契約関係の継続を希望する場合、貸主・借主は、お互いに契約を更新することができます。
更新には、**合意更新**と**法定更新**の2種類があります。

1 合意更新

貸主・借主間で更新後の契約内容等について意思確認（合意）したうえで行う更新を、一般的に、**合意更新**といいます。合意更新では、**更新期間の制限はありません**ので、賃貸借契約終了の1年前に合意更新をすることも認められます。

ひとこと
合意更新の際に、賃料の改定や、契約期間を「以前と同じ」とする等を決めることができます。

2 法定更新

合意更新の制度しかなければ、万一、貸主・借主間で契約内容について合意に至らなかった場合は、借主が貸主から立ち退きを求められるおそれがあります。
そのように、借主に不利益が生じた場合に備えて、借地借家法は、**法定更新**（**自動更新**）という制度を設けて、次のように定めています。

❶ 更新拒絶の通知をしない場合

貸主および借主が、**期間満了の1年前から6ヵ月前**までに**更新拒絶の通知をしない**場合には、賃貸借契約は「自動的に更新された」と扱われます。この仕組みを「**法定更新**」といいます。
ただし、法定更新の場合、更新後は**期間の定めのない契約**となりますので、契約を終了させるには、貸主・借主のどちらかから解約を申し出なければなりません。
なお、**貸主**から更新拒絶をする場合、**正当事由**が必要となりますが、その一方

で、**借主**から更新を拒絶する場合は、正当事由は**不要**です。

ひとこと

正当事由に該当するか否かは、次の要素を総合的に考慮して判断されます。
① 貸主・借主それぞれの賃貸物件の使用を必要とする事情
② 物件の賃貸借契約に関するこれまでの経過
③ 物件の利用状況　④ 建物の現況
⑤ 物件の賃貸人が明渡しの条件として立退料の支払を申し出た場合には、その申出の内容

TRY! 過去問　　　　　　　　　　　　　　　　　　　　　　H29-問20

Q 賃貸借契約が法定更新された場合、当事者間で別途、契約期間の定めをしない限り、期間の定めのない賃貸借になる。

A 賃貸借契約が法定更新された場合、更新後は、原則「期間の定めのない契約」になります。　　　　　　　　　　　　　　　　　　　　　　　　　　　○

❷ 期間満了後に賃貸物件を使用継続した場合

期間満了後、借主が賃貸物件をそのまま**使用継続**し、貸主が遅滞なく**正当事由ある異議**を述べない場合、契約は**自動的に更新**されます。

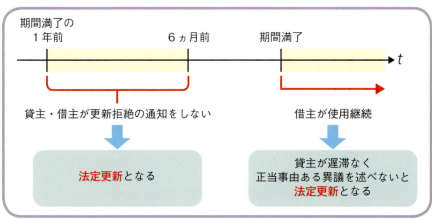

TRY! 過去問　　　　　　　　　　　　　　　　　　　　H29-問20

Q 賃貸借契約の借主が、期間満了後に建物の使用を継続する場合において、貸主が遅滞なく異議を述べなかったとしても、貸主が期間満了の1年前から6ヵ月前までの間に借主に対して更新をしない旨の通知をしていた場合には、更新拒絶に正当事由が認められる限り、賃貸借契約は期間満了により終了する。

A 貸主が正当事由のある更新拒絶をしていても、借主の使用継続に対して、遅滞なく異議を申し立てないと、契約は更新されます。　　　　　　✗

3　定期建物賃貸借

出題
H27・28・29・30・R1・R2

1　定期建物賃貸借の意義・要件

　貸主による賃貸借契約の更新拒絶や解約の申入れには、正当事由が必要です。そのため、一度賃貸借契約を締結すると契約を終了させることが難しく、賃貸借契約が長期化しやすいことが、従前から問題になっていました。そこで、賃貸借契約が定期で終了し、更新がない、**定期建物賃貸借**という制度が導入されました。定期建物賃貸借が成立する要件は、次のとおりです。

契　約　方　法	公正証書等の**書面**による ⚠公正証書でなくても、何らかの書面であれば可
事　前　の　説　明	貸主は、契約を締結する前に、借主になろうとする者（入居希望者）に対して、「契約の更新がなく、期間の満了により賃貸借は終了する」旨を記載した書面を交付して説明しなければならない ⚠この書面は「契約書面」とは別途必要 ⚠説明書面を交付したうえでの説明をしなかった場合は、更新が可能な「一般の賃貸借契約」として成立する ⚠宅建業者が行う重要事項説明とは別に説明する必要がある
契　約　期　間	●上限なし ●1年未満の期間（**例** 6ヵ月）の設定も**有効**
契約が終了する 旨　の　通　知	期間が1年以上の場合、貸主は期間満了の1年～6ヵ月前までに、期間の満了により賃貸借が終了する旨の通知をしなければならない

契約の終了	期間満了により終了する
家賃の増減請求の禁止	● 特約の定めに従う ⚠ 減額しない旨の特約も**有効**

TRY! 過去問

H30-問12

Q 賃貸借の媒介業者が宅地建物取引業法による重要事項説明書に基づき、「更新がなく、期間の満了により契約が終了する」旨の説明を行ったので、貸主による事前説明を省略した場合、定期建物賃貸借契約としての効力を有しない。

A 媒介業者が行う重要事項説明とは別に、貸主が書面を交付して説明しなければ、定期建物賃貸借契約としての効力は生じません。　〇

2 中途解約

　定期建物賃貸借の契約期間中は、特約がない限り、貸主・借主のどちらからも中途解約はできないとされるのが、原則です。しかし、例外として、次の要件を満たした場合は、**借主**からの**中途解約**を認めています。

❶ 物件の用途が**居住用**であること
❷ 床面積が**200㎡未満**であること
❸ 転勤や療養看護等のやむを得ない事情で物件を使用できなくなったこと

3 再契約

　定期建物賃貸借においては、いったん契約が終了した後、継続して物件を賃貸する場合は、**再契約**が必要となります。

　ただし、貸主が再契約の要請に応じるか否かは、任意です。また、契約条件も、従前の契約内容に拘束されず、当事者間で、改めて自由に設定することができます。

ひとこと
平成12年3月1日前に締結された**居住用建物**の**普通建物賃貸借契約**については、貸主と借主が合意しても、これを終了させ、新たに**定期建物賃貸借契約**を締結することは**できません**。

ひとこと
定期建物賃貸借の内容を理解しないまま、切り替えに応じてしまい、期間満了時に予定外の明渡しを迫られることとなる危険があるので、居住用建物賃貸借について切り替えを認めないこととしました。

■ 普通賃貸借と定期建物賃貸借の違い

	普通賃貸借	定期建物賃貸借
書面の必要性	不要	公正証書等の**書面**で契約することが必要
1年未満の契約	期間の**定めがない**ものとみなされる	**有効** ⚠ 契約で定めた期間となる
中途解約	特約がなければ不可	特約がなくても借主に転勤や療養看護等の**やむを得ない事由**がある場合は可能
減額しない旨の特約	無効	**有効**

150

CHAPTER 3　実務に関する法令等

Section 4　賃貸借契約 ④（賃借権の譲渡・転貸借）

このSectionのポイント

- ◆ **賃借権の譲渡** ……… 賃借権という「権利」そのものを他の人に譲渡すること
- ◆ **転貸借契約** ……… 物件の借主が、転借人に"また貸し"すること
- ◆ **無断譲渡・無断転貸** … 貸主の承諾を得ず、無断で賃借権の譲渡や転貸借をした場合、貸主は、契約解除ができます。

1　賃借権の譲渡・転貸

1　賃借権の譲渡

　賃借権という権利は、借主が有する権利ですので、他人に譲渡することができます。このことを、**賃借権の譲渡**といいます。

　借主が自分の賃借権を譲渡するには、**貸主の承諾**が必要です。そして、賃借権の譲渡を行うと、元々の借主は賃貸借契約関係から離脱し、貸主と新しい借主との間で、契約が引き継がれます。

　賃借権の譲渡がされた場合の「旧借主に賃料の支払を請求できるか」という問題については、旧借主は、既に賃貸借契約から離脱していますので、貸主は新借主にしか賃料を請求できません。

151

■ 賃借権の譲渡

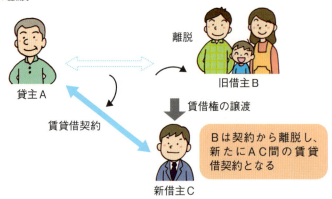

2 転貸借契約（サブリース）

　転貸借契約（**サブリース**）とは、他人の物件を借りて、それを転借人に貸すこと（また貸し）です。借主による転貸借は、**貸主の承諾**がなければ行えません。
　そして、転貸借では、**転借人**は貸主に対して、賃料の支払義務等について**直接義務**を負います。

■ 転貸借（サブリース）

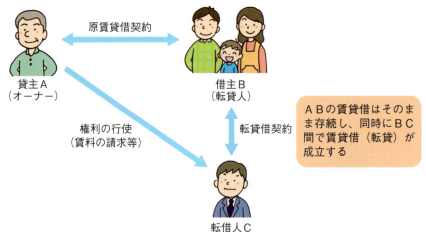

なお、この場合で、貸主が、転借人に対して請求できる賃料は、ＡＢ間の賃料とＢＣ間の転借料のうちの**低額**の方が、上限となります。

TRY! 過去問　　　　　　　　　　　　　　　　　　　　　　　　　　H29-問8

Q 転借人（入居者）は、所有者（原賃貸人）に対して原賃貸借契約で定めた賃料の額までの範囲内で賃料支払義務を負う。

A 転借料が原賃貸借契約上の賃料の額よりも「低額」の場合は、「転借料」の範囲内で賃料支払義務を負えばいいとされています。　　　　　　　　　✗

2　無断譲渡・無断転貸

貸主の承諾を得ずに、借主が無断で賃借権の譲渡・転貸借をして、新借主や転借人に使用・収益をさせた場合、原則、貸主は契約を**解除**することができます。

ひとこと
無断での転貸・譲渡であっても、その行為が貸主に対する**背信的行為とは認めるに足りない特段の事情**がある場合は、契約を解除することはできません。

153

3 転貸借契約の終了

出題 H29・R2

転貸借契約は、借主（転貸人）の債務不履行による解除および原賃貸借契約の期間満了によって、終了します。

債務不履行に基づく解除	借主の債務不履行で原賃貸借契約が解除された場合、借主（転貸人）・転借人間の転貸借契約は、履行不能により終了する ⚠ 借主の賃料未払で解除する場合でも、転借人に**催告**して、賃借人の代わりに弁済の機会を与える**必要はない**
賃貸借の合意解除	賃貸人・賃借人間で賃貸借契約を**合意解除**しても転借人に**対抗できない** ※合意解除以前に貸主が借主の債務不履行による契約解除権を有していた時は解除できる
賃貸借の期間満了	原賃貸借契約の期間満了で、転貸借契約も終了する ⚠ 建物の転借人に、期間満了で終了する旨の通知をしなければ、その終了を転借人に対抗することができない。また、この通知があれば、通知後6カ月を経過することで、転貸借契約は終了する

ひとこと

例えば、借主が賃料を滞納した場合、貸主は債務不履行による解除が可能ですが、不動産賃貸借では、貸主・借主で協議し、合意解除にするケースがあります。このようなケースでは、合意解除であっても、債務履行解除も可能だったわけですから、転借人に対抗できるとしました。

TRY! 過去問 H29-問9

Q 賃貸人AがBに賃貸し、BがAの承諾を得てCに転貸している建物において、AがBとの間で原賃貸借契約を合意解除した場合、その当時、AがBの賃料滞納を理由とする原賃貸借契約の解除権を有していたとしても、AはCに対して建物の明渡しを請求することはできない。

A 債務不履行による解除権を有していた場合は、合意解除でも転借人に対抗できます。 ✗

154

4　借地上の建物の賃貸借契約

　土地の借主が、借地上に自分の建物を建てて、その建物を第三者に賃貸した場合、通常建物の借主は、建物の敷地である借地を庭等に使用します。これが、「**土地の賃借権**の**無断譲渡**に該当するのではないか」とする問題が生じることがあります。

　しかし、この場合、土地の貸主は、借主に対して、借地上に建物を建築して所有することを認めている以上、土地の借主が第三者に自己の建物を賃貸して利用させても、契約した内容どおり、「建物の敷地」として利用する範囲内であれば、何ら問題はありません。

　したがって、借地上の建物を**第三者に賃貸**しても、土地の賃借権は譲渡していることになりませんので、建物の賃貸借に際し、土地の**貸主の承諾は不要**です。

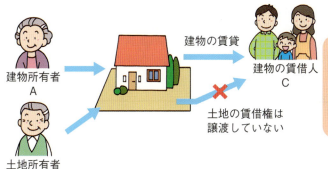

ひとこと
借地上の建物を「売却」する場合は、それに伴って土地の賃借権の譲渡も必要となりますので、土地の貸主の承諾が必要となります。

5 建物の所有者が変更した場合

　建物賃貸借の契約中には、物件の所有者（貸主）による賃貸物件の売却や、銀行等が抵当権を実行したため物件が競売された等の事情で、所有者が変更することも起こり得ます。

　このような場合に、借主の「そのまま住み続けたい」という希望にもかかわらず、例えば、新しい所有者が借主に立退きを要求するなど、借主の賃借権と所有者の所有権・抵当権が対立する場合、**対抗要件を先に備えた方が優先**するとされています。

> **ひとこと**
> **抵当権**とは、銀行等からローンなどでお金を借りた際に、借りた人（債務者）が、返済できない場合に備えて自分の土地や建物を担保とする権利をいいます。ローンが返済されない場合、担保とした土地や建物は、抵当権を有する銀行等が競売することができます。

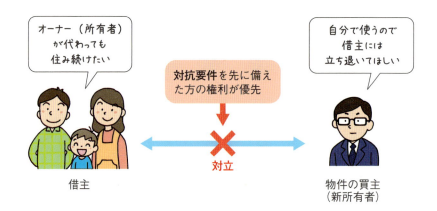

ひとこと

例えば、借主が、先に物件の引渡し（借家の対抗要件）を受け、その後に物件が売却されて、買主（新所有者）名義の登記（所有権の対抗要件）がされた場合、借主が先に対抗要件を備えていますので、借主はそのまま住み続けることができます。

そして、賃貸借契約の継続について、**借主が対抗要件**を**先**に備えていた場合と、**買主による所有権の登記や銀行等の抵当権の登記が先**の場合で、それぞれ次のようになります。

❶ 借主の賃借権が先に対抗要件を備えていた場合

借主が先に賃貸物件の**引渡し**を受けたり、**自己の賃借権の登記をした後**に賃貸物件が売却された、または、抵当権が実行されて競売された場合は、**借主の賃借権が優先**するので、新所有者を貸主として、賃貸借契約はそのまま継続します。

ひとこと

借主が先に対抗要件を備えている物件で、「物件の所有権が他の者に帰属した時は賃貸借契約は終了する」旨の特約を定めても、借主に不利な特約として無効になります。

貸主が賃貸物件を売却し、買主が新所有者になる場合に、「**貸主の地位を譲渡人（旧貸主）に留保**する」旨の特約を合意することができます。これにより、結果的に**新所有者**が**貸主**、**旧貸主**が**転貸人**、**借主**が**転借人**とすることができます。

> **ひとこと**
>
> なお、賃貸借契約が終了すると、譲渡人に留保されていた貸主の地位は、譲受人（新所有者）に移転するので、賃貸借契約終了時に発生する**敷金の返還義務**は**譲受人**が負います。

❷ 買主による所有権の登記や抵当権の登記が先の場合

　買主の所有権の登記がされた場合や、賃貸物件に銀行等による抵当権の登記がされた**後**に、借主が物件の引渡しを受けた、または自己の賃借権の登記をした場合は、買主や銀行等の抵当権による競売の買受人の所有権の方が優先し、賃貸借契約は、買主や抵当権による競売の買受人には引き継がれません。

　したがって、新所有者は、借主に明渡しを請求することができます。

　なお、抵当権が先に登記された場合の賃貸借については、抵当権の実行による競売がされた際に、借主は競落人の**買受けの日から6ヵ月**間に限り、**建物の明渡し**が猶予されます（建物明渡猶予制度）。

CHAPTER 3　実務に関する法令等

Section 5　賃貸借契約 ⑤（賃貸借契約の終了）

重要度 A

このSectionのポイント

◆ 存続期間の定めがある賃貸借契約の終了
　　… 契約当事者が**更新を拒絶**すれば終了します。
◆ 存続期間の定めがない賃貸借契約の終了
　　… 契約当事者が**解約の申入れ**をすれば終了します。
◆ 中途解約 … **特約**がなければ、中途解約は認められません。

1　賃貸借契約の終了

出題 H29・R1

賃貸借契約は、**契約期間の定めがある場合**と**定めがない場合**とで、終了させる方法に違いがあります。

期間の定めが**ある**場合は、更新がされなければ**期間満了**で終了し、期間の定めが**ない**場合は、貸主・借主からの**解約の申入れ**で、賃貸借契約は**終了**します。

❶ 契約期間の定めがある賃貸借契約	貸主または借主が相手方に対して更新拒絶をすれば、契約期間の満了時に終了する 貸主からの更新拒絶には**正当事由**が必要
❷ 契約期間の定めがない賃貸借契約	貸主または借主は、いつでも解約を申し入れることができ、契約は、次のように終了する ① 貸主からの申入れ … 申入れ後**6ヵ月**経過で契約終了 ② 借主からの申入れ … 申入れ後**3ヵ月**経過で契約終了 貸主からの解約については**正当事由**が必要。なお、解約申入れは書面で行う必要はない

159

TRY! 過去問　　　　　　　　　　　　　　　　　　　　H29-問13

Q 期間の定めのない建物賃貸借契約は、特約のない限り、借主による解約申入れから3ヵ月の経過により終了する。

A 借主からの解約申入れの場合は、原則、解約申入日から3ヵ月経過することで終了します。　〇

2　契約期間の定めがある場合の中途解約申入れ

建物の賃貸借契約に契約期間の定めがある場合、中途解約（期間内解約）は、それを認める**特約**がないと、認められません。

ひとこと
契約期間中の中途解約が発生すると、借主は予期せぬ時期の立退きが必要になり、貸主は予定していた賃料が入らなくなるなど、お互いに不利益が生じてしまうからです。

❶ 中途解約を認める特約が**ある**場合	● **借主**が中途解約の申入れをした場合は、賃貸借契約はその時に終了する ⚠ 解約予告期間についての取決めがなければ、借主の申入れから**3ヵ月**の経過により、建物賃貸借契約は終了する ● 貸主に中途解約を認める旨の特約がある場合でも、正当事由がなければ解約できない
❷ 中途解約を認める特約が**ない**場合	契約期間中、お互いに契約を解約することはできない ⚠ 借主からも中途解約は不可

ひとこと
定期建物賃貸借では、床面積200㎡未満の居住用建物で、借主に転勤等のやむを得ない事由がある場合には中途解約が認められていたことと、比較しましょう。

3 物件の滅失による賃料の減額・契約の終了等

例えば、賃貸物件が火事などによって滅失（損傷）した場合、その賃貸借契約については、滅失の割合に応じて、次のように**賃料の減額**や契約の**解除**が認められています。

一部滅失の場合	●滅失した部分の割合に応じ、賃料が減額される ●目的が達成できない場合は、解除も可能
全部滅失の場合	賃貸借契約は**終了**する

ひとこと
例えば賃貸物件が全部滅失してしまったら住み続けられませんので、契約は解除されるべきですし、一部が滅失した場合でも、本来の使い方ができないのなら賃料は減額されてよいはずです。

TRY! 過去問　　　　　　　　　　　　　　　　　　　H30-問16

Q 賃貸建物が全部滅失した場合、当該滅失について借主に帰責事由があっても、賃貸借契約は履行不能により終了する。

A 本問のとおり、賃貸建物の全部滅失により、賃貸借契約は当然に終了します。　○

4 「取壊し予定建物」の場合の契約の終了

例えば、借地上の賃貸物件は、土地の所有者（貸主）・借主間の借地契約の終了時には、建物を取り壊さなければなりません。また、都市再開発等で取壊しが決まっている場合もあります。このような**取壊し予定建物の賃貸借契約**では、取壊し時に賃貸借契約を終了させることができます。

取壊し予定建物の賃貸借契約は、賃貸借契約書に「建物の取壊し時に賃貸借契

約が終了する旨の定め」と「建物を取り壊すべき事由」を記載しなければなりません。

5 債務不履行による解除

出題
H27・28・29・30・R1・R2

　債務不履行とは、例えば、貸主が修繕義務を果たさなかったり、借主が賃料を支払わなかったりと、義務を負う側の人（債務者）が、正当な事由がないのに契約内容に従った履行をしないことをいいます。

　債務者が義務を果たさない場合は、相手方は、**損害賠償請求と契約の解除の両方**を**請求**することができます。

1 賃料未払による解除

　万一、借主が賃料を支払わなかった場合、貸主は契約を解除することができます。しかし、たまたま賃料の支払をうっかり忘れてしまった場合にまで契約が解除されてしまうのは、借主に酷ですので、契約の解除には、次の要件の**すべて**が必要となります。

❶ 支払日を**過ぎている**こと　　❷ 相当期間を定めた**催告**をしたこと
❸ **解除**の意思表示をすること　❹ 信頼関係が破壊されていること

ひとこと

なお、信頼関係を破壊しない特段の事情がある場合は、賃料の未払があっても、契約は解除されません。

2　契約当事者が複数の場合

　例えば相続等によって、賃貸借契約の当事者が複数となった場合、貸主からの賃貸借契約の解除は以下のようになります。

❶ 貸主が複数の場合	共有持分の**過半数**を有する貸主の同意を得て解除できる
❷ 借主が複数の場合	貸主は借主全員に対し解除をする

❶ 貸主が複数の場合（共同貸主）

過半数の共有持分を有する貸主（共有者）の同意で解除

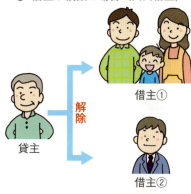

❷ 借主が複数の場合（共同借主）

貸主が**借主全員**に対して解除する

6 貸主・借主の死亡と賃借権の承継

 出題 H27・28・29・R1

賃貸借契約は、当事者が死亡しても終了せず、相続人等に承継されます。

❶ 貸主の死亡	●相続人が貸主の地位を承継する ⚠相続人が不在でも、賃貸借契約は終了しない
❷ 借主の死亡	●相続人が借主の地位を相続する ●相続人が**いない**場合、事実上の夫婦や親子関係にあった者（**特別縁故者**）が契約を承継する ⚠特別縁故者は、承継しないという意思表示をすることもできる

ひとこと

共同相続の場合は、賃貸物件を、**全員でまずは共有**し、遺産分割した後、その賃貸物件を取得した者が、単独で新貸主となります。

7 平面駐車場の賃貸借契約の終了

 出題 H29

借主は、建物を賃借すると共に、敷地内の平面駐車場も賃借する場合があります。この平面駐車場の賃貸借契約の場合は、建物の賃貸借とは異なり、**正当事由が不要**で、貸主による更新拒絶や解約をすることができます。

そして、平面駐車場使用契約が終了するのは、次の場合です。

期間の定めのない契約	解約申入れから**1年**の経過後
期間の定めのある契約	期間満了時

8 使用貸借契約

出題 H28

　賃貸借契約は賃料を支払って物を借りる契約です。これに対して、使用貸借契約とは、**タダ（無償）で物を借りる契約**をいい、次の点に特徴があります。

　賃貸借契約との違いに注意しましょう。

❶ **借主**が通常の「必要費」を負担する
　⚠ 通常「以外」の必要費（**例** 建物の修繕費用）は、**貸主**が負担する
❷ **借主**の死亡で契約は終了し、相続されない
　⚠ 貸主の死亡では終了しない
❸ 借地借家法の適用がないので、貸主に正当事由がなくても契約は更新せずに期間満了により終了する
❹ 期間を定めなかった場合、使用収益を終えたときに終了する
　⚠ 使用収益をするのに足りる期間を経過した時は、借主が使用収益を終えていなくても貸主は使用貸借契約を解除できる

TRY! 過去問

H28-問17

Q 使用貸借契約の借主は、賃貸借契約の借主と異なり、対象建物の通常の必要費を負担する。

A 使用貸借は、タダで借りる契約であるため、通常の必要費は「借主負担」となります。　◯

165

CHAPTER 3　実務に関する法令等

Section 6　その他建物賃貸借に関する制度等

このSectionのポイント

◆ 「サ高住」……………… 福祉サービスを提供する高齢者向けの賃貸住宅で、事業者は、都道府県知事等への登録が必要

◆ 終身建物賃貸借 ……… バリアフリー化された住宅を高齢者に死亡するまで賃貸すること。事業者は、都道府県知事による認可が必要

◆ 住宅宿泊事業(民泊) … 旅館業・ホテル業等以外の者が宿泊料を課して住宅に人を宿泊させる事業のこと

1　高齢者の居住の安定確保に関する法律(高齢者居住法)

　高齢者居住法は、高齢者向けの良質な住宅の供給を促進し、高齢者が安心して生活できる居住環境を実現するための法律です。次の「**サービス付き高齢者向け住宅**」や「**終身建物賃貸借**」の制度により、高齢者の居住の確保を促進しています。

1　サービス付き高齢者向け住宅(「サ高住」)の登録制度

　「サービス付き高齢者向け住宅」とは、高齢者居住法に基づく、高齢者のためのバリアフリー対応の賃貸住宅のことです。略して「サ高住（さこうじゅう）」や「サ付き住宅」と表記されることもあります。
　都道府県・政令市・中核市への**登録制**となっており、法定の基準を満たしている必要があります。

ひとこと
例えば、安否確認・生活相談のサービス提供・ケアの専門家が**日中常勤**していることなどが、その基準に挙げられます。

2 終身建物賃貸借制度

　賃貸住宅に住んでいる高齢者には、新しく物件を借りる場合の困難さや、貸主からの立退き要求に対する怯えなどの不安が、生活に常に伴います。

　そこで**高齢者居住法**は、高齢者が賃貸住宅に安心して住み続けられる仕組みとして、高齢者に対して**バリアフリー化された住宅**を**終身**にわたって賃貸する事業を行う場合には、借主と賃貸借契約を締結する際に、「**借主が死亡した時に契約が終了する旨**」を定めることができるとしています。

　事業を行う際は、**都道府県知事の認可**を受けることが必要です。

■ 終身建物賃貸借制度の適用要件

❶ 物件の規模・設備がバリアフリー化の基準に適合するものであること
❷ 借主が高齢者（60歳以上）であること
❸ 公正証書等の**書面**で契約すること

ひとこと
賃貸借契約も相続の対象となりますが、貸主が高齢者に物件を貸すことをためらう一因にもなり得ます。そこで、本制度では「借主が**死亡**した時に契約が終了する」と定めることで、高齢者に賃貸物件を賃貸しやすくしたのです。

2 住宅宿泊事業法（民泊新法）

出題 R1

　近年の外国人観光客の増加により、既存の旅館やホテルでは十分な数の客室を用意できず、旅館等以外の住宅を宿泊業に使う必要性が高まりました。また、社

会問題化している**空き家対策**として、空き家を旅館等の代わりの宿泊施設として活用することも、検討が進められています。

　そこで、新たに「**民泊**」という、住宅の一部・全部を活用して宿泊サービスを提供する営業形態を認めつつ、住宅宿泊事業法により、民泊を規制することとなりました。

1 「住宅宿泊事業」の定義

　住宅宿泊事業とは、旅館業法に規定する営業者（旅館やホテル等）以外の者が、宿泊料を受けて住宅に人を宿泊させる事業であって、宿泊させる日数が1年間で**180日以下**のものをいいます。

　この住宅宿泊事業を行うには、都道府県知事等への**届出**が必要です。

　住宅宿泊事業の運営には、次の2種類があります。

❶ 家主居住型 （ホームステイ型）	民泊ホスト（人を宿泊させる家主）が同じ住宅内に住みつつ、住宅の一部を宿泊者に貸し出す型式
❷ 家主不在型	人を宿泊させる間、家主が不在となる型式

2 住宅宿泊事業者の義務

❶ 住宅宿泊事業者が執る必要がある6つの措置

　住宅宿泊事業者は、事業の適正な遂行のために、次の措置を執ることが必要とされています。

❶ 宿泊者の**衛生**の確保（宿泊者1人当たりの居室の床面積等）
❷ 宿泊者の**安全**の確保（非常用照明器具の設置等）
❸ 外国人観光旅客である宿泊者の**快適性・利便性**の確保
　 例 外国語で設備や交通手段等を案内する等
❹ **宿泊者名簿**の作成・保存
❺ 周辺地域への**悪影響**（騒音・ごみ処理・火災等）の防止
❻ **苦情**等への対応

❷ 標識の掲示義務

　住宅宿泊事業者は、届出住宅ごとに、公衆の見やすい場所に、所定の様式の**標識**を掲げなければなりません。

3 定期報告義務

　住宅宿泊事業者は、届出住宅に人を宿泊させた日数等について、定期的に**都道府県知事等**に報告しなければなりません。

4 住宅宿泊管理業者への委託義務

　住宅宿泊事業者は、次の場合には、前記**2**❶❶〜❻の措置のための業務を、住宅宿泊管理業者に委託しなければなりません。

> ❶ 都道府県知事等に届け出た住宅につき、**居室の数が5を超える場合**
> ❷ 人を宿泊させる間に、住宅宿泊事業者（家主）が**不在**等となる場合（狭義の家主不在型）
> ⚠️ 狭義の家主不在型には、家主の住宅が同じ建物内か敷地内にあり、居室の数が5以下の場合は含まれない（委託する必要はない）

> **TRY!** 過去問　　　　　　　　　　　　　　　　　　　　　　R1-問24
>
> **Q** 住宅宿泊事業者は、狭義の家主不在型の住宅宿泊事業については、住宅宿泊管理業務を住宅宿泊管理業者に委託しなければならない。
>
> **A** 狭義の家主不在型の住宅宿泊事業については、住宅宿泊管理業者に委託しなければなりません。　　　　　　　　　　　　　　　　　　　　〇

5 住宅宿泊管理業者

❶ 登録

　住宅宿泊管理業を行うためには、国土交通大臣の**登録**を受けなければなりません。登録の有効期間は**5年**です。

CH. 3

❻ その他建物賃貸借に関する制度等

169

❷ 住宅宿泊管理業を的確に遂行するための体制

住宅宿泊管理業を**的確に遂行する体制**が整備されていないと登録を受けることができません。

法令適合性の確保のための体制	① 個人が登録する場合は、以下の者であること ● 賃貸不動産経営管理士・宅建士・管理業務主任者の登録を受けている者 ● 住宅の取引又は管理に関する２年以上の実務経験を有する者 ② 法人が登録する場合は、以下の者であること ● 「賃貸住宅管理業者登録制度」の登録業者・宅建の免許を受けた業者・マンション管理業の登録業者 ● 住宅の取引または管理に関する２年以上の実務経験を有する業者
適切な業務を実施するための体制	① 宿泊者名簿の正確な記載を確保するための措置 ② 外国人観光旅客である宿泊者に対する、外国語による届出住宅の設備の使用方法の説明・交通手段の情報提供等の措置 ③ 宿泊者に対し、騒音の防止のために配慮すべき事項等の説明 ④ 届出住宅の周辺地域の住民からの苦情及び問合せの対応

❸ 契約締結前の書面交付義務

住宅宿泊管理業者は、管理受託契約を締結しようとするときは、委託者に対し、当該**管理受託契約を締結するまでに**、管理受託契約の内容及びその履行に関する事項について、書面を交付して説明しなければなりません。

❹ 契約締結時の書面交付義務

住宅宿泊管理業者は、管理受託契約を締結したときは、委託者に対し、**遅滞なく**、管理受託契約の内容及びその履行に関する事項を記載した書面を交付しなければなりません。

> **ひとこと**
> 契約締結前の書面も契約締結時の書面も電磁的方法により提供することも可能です。

❺ その他住宅宿泊管理業者の義務

❶	信義誠実に業務を処理する原則	信義を旨とし、誠実にその業務を行わなければならない
❷	名義貸しの禁止	自己の名義をもって、他人に住宅宿泊管理業を営ませてはならない
❸	誇大広告の禁止	広告をするときは、住宅宿泊管理業者の責任に関する事項等について、著しく事実に相違する表示や実際のものよりも著しく優良・有利であると人を誤認させるような表示をしてはならない
❹	不当な勧誘行為の禁止	管理受託契約の締結の勧誘の際、または管理受託契約の解除を妨げるため、住宅宿泊管理業務を委託し、または委託しようとする住宅宿泊事業者に対し、当該管理受託契約に関する事項であって委託者の判断に影響を及ぼすこととなる重要なものにつき、故意に事実を告げず、または不実のことを告げる行為等の禁止
❺	全部の再委託の禁止	住宅宿泊事業者から委託された住宅宿泊管理業務の全部を他の者に対し、再委託してはならない
❻	従業者証明書の携帯等	業務に従事する使用人その他の従業者に、その従業者であることを証する証明書を携帯させなければ、その者をその業務に従事させてはならない。また、従業者は、その業務を行うに際し、住宅宿泊事業者その他の関係者から請求があったときは、証明書を提示しなければならない
❼	帳簿の備付け	国土交通省令で定めるところにより、その営業所または事務所ごとに、その業務に関する帳簿を備え付け、届出住宅ごとに管理受託契約について契約年月日等を記載し、これを保存しなければならない
❽	標識の掲示	営業所又は事務所ごとに、公衆の見やすい場所に、国土交通省令で定める様式の標識を掲げなければならない
❾	定期報告	住宅宿泊管理業務の実施状況等を、定期的に、住宅宿泊事業者に報告しなければならない

6 住宅宿泊仲介業者への委託について

　住宅宿泊事業者は、顧客（家主）との民泊の契約（宿泊サービス提供契約）の締結の代理・媒介を他の業者に委託する場合は、観光庁長官の登録を受けた住宅

宿泊仲介業者または**旅行業者**に委託しなければなりません。

---

3 住宅確保要配慮者に対する賃貸住宅の供給の促進に関する法律
（住宅セーフティネット法）

出題 R2

　我が国では、住宅の確保に配慮が必要な高齢者・障害者、子育て世帯等が今後も増加する見込みですが、それをカバーすべき公営住宅については、大幅な増設が難しい状況です。一方で、民間の空き家・空き室は増加していることから、「住宅セーフティネット制度」という、それら空き家等を活用して入居希望者を受け入れるための新たな取組みが創設され、2017年10月にスタートしました。

1 住宅確保要配慮者向け賃貸住宅の登録制度

　賃貸住宅の賃貸人は、住宅確保要配慮者の入居を**拒まない住宅**として、都道府県・政令市・中核市に、その賃貸住宅を登録することができます（セーフティネット住宅）。都道府県等では、セーフティネット住宅の情報を、住宅確保要配慮者の方々等に広く提供し、住宅確保要配慮者は、その情報を見て賃貸人に入居を申し込むことができる、という仕組みです。

❶ 住宅確保要配慮者とは

　住宅セーフティネット制度における**住宅確保要配慮者**には、次の者が該当します。

> ❶ 低額所得者　⚠️月収が15万8,000円以下の世帯が対象
> ❷ 被災者　❸ 高齢者　❹ 障害者
> ❺ 子育て世帯　⚠️18歳未満の子供がいる世帯が対象

❷ 住宅の登録基準

　賃貸人が、入居を拒まない住宅として賃貸住宅を登録する際には、その規模・構造等について、次の基準に適合する必要があります。

❶ 耐震性を有すること
❷ 住戸の床面積が25㎡以上であること
⚠️ 共同居住型住宅（シェアハウス）の場合には、専用居室を9㎡以上確保することで足りるが、住宅全体の面積が「〈15㎡×居住人数〉＋10㎡以上」であること
❸ 台所・食事室・便所・浴室・洗面所等を適切に設けること

❸ 入居を受け入れる「住宅確保要配慮者」の範囲の限定

賃貸人が賃貸住宅を登録する際には、入居を拒まない**住宅確保要配慮者の範囲を限定**することができます。例えば、「障害者の入居は拒まない」として登録する、または「高齢者・低額所得者・被災者の入居は拒まない」として登録することができます。

なお、アパート・マンション等の集合住宅については、**住戸単位**での登録が可能です。

2 セーフティネット住宅の改修や入居者への経済的な支援

セーフティネット住宅には、セーフティネット住宅の改修への支援（改修費補助）と、入居者の負担を軽減するための支援（家賃と家賃債務保証料の低廉化に対する補助）が用意されています。

3 住宅確保要配慮者に対する居住支援

都道府県は、居住支援活動を行うＮＰＯ法人等を、賃貸住宅への入居に係る情報提供・相談・見守りなどの生活支援や、登録住宅の入居者への家賃債務保証等の業務を行う**居住支援法人**として、指定することができます。

4 代理納付

セーフティネット住宅の借主が生活保護受給者であって家賃滞納のおそれがあ

る場合、事業者は、その旨を**保護の実施機関**（福祉事務所）に通知し、通知を受けた保護の実施機関は事実確認を行い、必要があると判断した場合は、**住宅扶助費**を貸主に**代理納付**することができます。

5 賃貸住宅標準契約書

賃貸住宅標準契約書とは、賃貸借契約をめぐる紛争を防止し、より良い契約関係を結ぶことができるようにするため、国土交通省が作成した賃貸借契約のモデル・ひな形です。法令ではありませんので、賃貸住宅標準契約書の使用が義務付けられているわけではありません。

賃貸住宅標準契約書の主な内容は以下になります。

❶ 共益費	●借主は、階段等の共用部分の維持管理に必要な水道光熱費等に充てるため**共益費**を貸主に支払わなければならない ●1ヵ月に満たない期間の共益費は、1ヵ月を30日として**日割り計算**する ●共益費が不相当となったときは、協議により改定できる
❷ 敷金	●借主は貸主に敷金を交付する ●借主が債務を履行しない場合は、敷金を弁済に充てられる ●借主から、敷金を債務の弁済に充てるように請求はできない ●貸主は、物件の明渡しがあったときは、遅滞なく、敷金を返還しなければならない。賃料の滞納や原状回復費用があるときは、これら債務を差し引いた額を返還する ⚠敷金から差し引く額の内訳を**明示**しなければならない
❸ 反社会的勢力の排除	●貸主・借主は、相手方に対し、自らが暴力団員等でないことを確約する ●借主は、貸主の承諾の有無にかかわらず、反社会的勢力に対し、賃借権の譲渡や転貸をしてはならない

❹ 契約期間中の修繕	● 貸主は、借主が本物件を使用するために必要な修繕を行わなければならない。費用負担は以下のようになる

❶ 借主の責任の事由	借主負担
❷ それ以外	貸主負担

❹ 契約期間中の修繕	● 貸主が修繕を行う場合は、貸主は、あらかじめ、その旨を借主に通知しなければならず、また借主は、正当な理由がある場合を除き、修繕の実施を拒否できない ● 借主は、物件内に修繕を要する箇所を発見したときは、貸主にその旨を通知し修繕の必要について協議する ⚠ 通知した場合、修繕が必要にもかかわらず、貸主が正当な理由なく修繕を実施しないときは、借主は自ら修繕を行うことができる ● 借主は、蛇口のパッキンやヒューズの取替え等について、貸主に修繕を請求するほか、自ら行うことができる。借主が自ら修繕を行う場合においては、修繕に要する費用は借主が負担し、貸主への通知及び貸主の承諾を要しない
❺ 借主からの解約	● 借主は、貸主に対して少なくとも**30日前**に解約の申入れを行うことで、契約を解約することができる ● 借主は、解約申入れの日から**30日分の賃料**を貸主に支払うことで、解約申入れの日から起算して30日を経過する日までの間、随時に本契約を解約することができる ⚠ 貸主からの解約は認められていない
❻ 一部滅失等による賃料の減額等	● 借主の責任ではなく、物件の一部が滅失等により使用できなくなった場合、賃料は、その使用できなくなった部分の割合に応じて、**減額**される ● 物件の一部が滅失等により使用できなくなった場合、残存する部分のみでは借主が賃借をした目的を達することができないときは、借主は、本契約を**解除**できる
❼ 契約の終了	本物件の全部が滅失その他の事由により使用できなくなった場合、契約は終了する

⑧ 連帯保証人等	【連帯保証人型】 ● 連帯保証人は、借主と連帯して、本契約から生じる借主の債務を負担するものとする。本契約が更新された場合においても、同様とする ● 連帯保証人の負担は、**極度額**（保証の上限額）を限度とする ● 連帯保証人が負担する債務の元本は、借主または連帯保証人が死亡したときに、確定するものとする ● 連帯保証人の請求があったときは、貸主は、連帯保証人に対し、遅滞なく、賃料及び共益費等の支払状況や滞納金の額、損害賠償の額等、借主の全ての債務の額等に関する情報を提供しなければならない 【家賃債務保証業者型】 ● 家賃債務保証業者の提供する保証を利用する場合には、家賃債務保証業者が提供する保証の内容については別に定めるところによるものとし、貸主および借主は、賃貸借契約と同時に当該保証を利用するために必要な手続を取らなければならない

ひとこと

敷引きや保証金、更新料については、一般的ではないとして賃貸住宅標準契約書には規定されていません。

6 サブリース住宅原賃貸借標準契約書

出題 R2

　サブリース住宅原賃貸借標準契約書とは、サブリースにおいて、貸主とサブリース業者との間の紛争を未然に防ぐため、国土交通省が作成したサブリース住宅原賃貸借契約のモデル・ひな形です。こちらも法令ではありませんので、使用が義務付けられているわけではありません。
　サブリース住宅原賃貸借標準契約書の主な内容は以下になります。

❶ サブリース事業者からの解約制限	サブリース業者は、貸主に対して少なくとも**6ヵ月前**に解約の申入れを行うことにより、本契約を解約することができる。ただし、本契約の契約期間の始期から起算して一定期間が経過するまでは解約することができない
❷ 地位の承継	原賃貸借契約が終了した場合には、貸主は、転貸借契約におけるサブリース業者の転貸人の地位を**当然に承継する**
❸ 転貸の条件	貸主は、契約で定めた転貸の条件（民泊の可否等）に従いサブリース業者が物件を転貸することを承諾する。ただし、サブリース業者は、反社会的勢力に本物件を転貸してはならない
❹ 転貸借契約中に定めるべき事項	サブリース業者・転借人が反社会的勢力ではないことや反社会的勢力の活動拠点としないこと等について定めなければならない ⚠️民泊の用途に転貸することの可否もあらかじめ転貸条件で明示しておく必要がある
❺ 修繕義務	貸主は、サブリース業者が転貸のために必要な修繕等、一定の修繕を除き、サブリース業者が物件を使用するために必要な修繕を行わなければならない
❻ 原状回復の負担	サブリース業者は、本契約が終了する日までに住戸部分のうちの空室およびその他の部分について、転貸借に関する通常の使用に伴い生じた当該部分の損耗及び当該部分の経年変化を除き、修繕を行い、返還日を事前に貸主に通知した上で、物件を返還しなければならない
❼ 賃貸住宅管理業者登録制度の内容に即した取扱	● サブリース業者は、転借人から受領した賃料について、整然と管理する方法により、自己の固有財産及び他の賃貸人の財産と**分別して管理**しなければならない ● サブリース業者は、管理事務の内容に応じて貸主との合意に基づき定めた期日に、貸主と合意した頻度に基づき定期に、本物件の管理事務に関する報告をしなければならない ● サブリース業者は、家賃、敷金等の受領に係る事務、賃貸借契約の更新に係る事務および賃貸借契約の終了に係る事務については、これを一括して他の者に委託してはならない

❽ フリーレント期間の設定　賃貸物件の引渡日と賃料支払義務発生日を別に定めることができる

ひとこと

サブリース事業の場合、建物の引渡しと同時に転借人が決まるとは限らないため、賃貸物件の引渡日と賃料支払義務発生日を別に定めることができるのです。

TRY! 過去問　　　　　　　　　　　　　　　　　　R2-問14

Q サブリース標準契約書では、契約で定めた禁止期間内は、借主（管理業者）から契約を解約することができないものとされている。

A 契約期間の始期から起算して契約で定めた一定期間が経過するまでは、管理業者からの解約禁止です。　〇

CHAPTER 3　実務に関する法令等

Section 7　個人情報保護法

このSectionのポイント

- ◆ 個人情報 ……… 生存する個人に関する情報で、個人識別性が必要です。
- ◆ 個人識別符号 ……… 特定の個人の身体の一部や運転免許証のように、対象者ごとに異なる情報を記号にしたもののこと
- ◆ 個人情報取扱事業者 … 個人情報データベース等を事業に用いている者のこと

1　「個人情報」とは

出題 H27・28・R2

　個人情報保護法によって保護される**個人情報**は、生存する個人に関する情報です。また、個人情報というためには、次のような、**特定の個人を識別**するための要件（**個人識別性**）が**必要**となります。

ひとこと
会社や既に死亡している人の情報は該当しません。

❶ 記述・照合要件を満たすこと

- 名前や住所など、情報に含まれる表記によって、特定の個人を識別できること
- 音声や防犯カメラの映像も含まれる

179

購買履歴など、個人情報と紐付けされている他の情報と照合することで、容易に特定の個人を識別できること

❷ 個人識別符号が含まれること

顔認識データや指紋認証等、特定の個人の身体の一部の特徴をデータに変換した符号（コード）が含まれていること

免許証番号・マイナンバー・パスポート等、対象者ごとに異なるように書類等に付される符号が含まれていること

TRY! 過去問 H27-問2

Q 他の情報と照合しなければ特定の個人を識別することができない情報は、個人情報保護法における個人情報に該当することはない。

A 購買履歴等の「他の情報と照合しなければ特定の個人を識別することができない情報」でも、個人を識別できる以上、個人情報に該当します。　✕

2　個人情報データベース等・個人情報取扱事業者

出題 H27・28・R1・R2

　個人情報データベース等とは、次のような「個人情報を含む情報の集合物」を指します。

❶ 特定の個人情報を、コンピュータを用いて検索することができるように体系的に構成したもの（例 顧客データ等）
❷ コンピュータを用いていないが、特定の個人情報を、容易に検索することができるように体系的に構成したもの（例 紙で作成した顧客リスト等）

ひとこと
自社で個人情報を保有していなくても、例えば、**レインズ**（指定流通機構＝宅建業者のみが利用できる不動産流通のシステム）等、**他の業者の大規模な個人情報データベース等を利用している業者**であれば、個人情報取扱事業者に**該当**します。

また、個人情報取扱事業者とは、**個人情報データベース等を事業の用**に供している者をいいます。

ひとこと
個人情報保護法は、不動産賃貸業については、個人情報を顧客リストや入居者リストのようにデータベース化し、事業に使用する者のみを、個人情報取扱事業者として規制しています。

TRY! 過去問　　　　　　　　　　　　　　　　　　　　　　H28-問3

Q 指定流通機構（レインズ）にアクセスできる業者は、自ら作成した個人情報データベースを保有していなくても、個人情報保護法による個人情報取扱事業者である。

A 本問のように「他人の大規模な個人情報データベース等」を利用していれば、個人情報取扱事業者に該当します。　　　　　　　　　　　　　　○

3　個人データ

個人データとは、**個人情報データベース等を構成**する（データベース化され

た) **個人情報**をいいます。

ひとこと
例えば、顧客リストに記載された名前や住所等のことです。

4　保有個人データ

保有個人データとは、**個人情報取扱事業者**が、次のことを行う「**権限を有する**」個人データをいいます。

❶ 個人データの**開示**　❷ 内容の訂正・追加・削除
❸ 利用の停止　❹ 個人データの消去・第三者への提供の停止

上記のことを逆にいえば、入居者等の個人データが、データベース作成業者や設備点検業者等の外部委託先に提供された場合、外部委託先は、そもそも、個人データの開示・訂正を行う**権限を持たない**ため、提供されたデータも「保有個人データ」には該当しないということです。

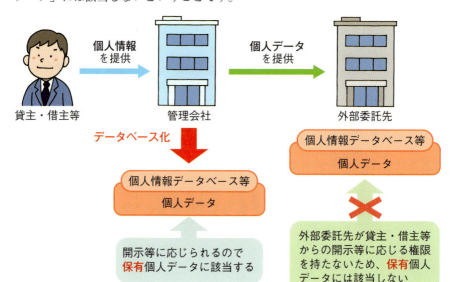

また、次の場合も、保有個人データに該当しません。

❶ その存否の公表により公益その他の利益が害されるとして、政令で定めるもの
❷ **6ヵ月**以内に**消去**される予定のもの

5 要配慮個人情報

要配慮個人情報とは、本人に対する不当な差別や偏見その他の不利益が生じないように、その取扱いに**特に配慮を要する**として政令で定める記述等が含まれる、次のような個人情報をいいます。

❶ 人種　❷ 信条　❸ 社会的身分　❹ 病歴
❺ 犯罪の経歴　❻ 犯罪により被害を受けた事実

なお、要配慮個人情報は、**本人に同意を得て取得**することが**義務**となっており、**オプトアウト**（本人の同意なしに第三者に個人情報を提供する制度（→後出 8 1））は**禁止**されています。

6 匿名加工情報

匿名加工情報とは、特定の個人を識別することができないように、個人情報に含まれる記述等の一部を削除するなど、**復元不可能**となるように**加工**したものをいいます。

7 利用目的の特定等

自分の個人情報が何に利用されるかわからないと、個人情報を提供する本人は不安になります。そこで、個人情報保護法では、個人情報の利用目的について、次のような制限を課しています。

❶ 利用目的の特定

個人情報取扱事業者は、個人情報を取り扱うにあたっては、その利用目的を**できる限り特定**しなければなりません。

ひとこと
例えば、「入居審査のために利用する」というように、具体的に定める必要があります。

❷ 利用目的の変更

個人情報取扱事業者は、個人情報の利用目的を変更する場合には、変更前の目的と**関連性がある**と合理的に認められる範囲を超えて、行ってはなりません。

そして、個人情報取扱事業者は、利用目的を変更した場合は、**本人に通知**し、または**公表**しなければなりません。

❸ 利用目的による制限

例えば、物件管理のために取得した個人情報がセールスに使われたりと、本来の目的のために必要な範囲を超えて個人情報が扱われるおそれがあります。

そのため、個人情報取扱事業者は、**あらかじめ本人の同意**を得ずに、特定された利用目的の達成に必要な範囲を超えて、個人情報を取り扱ってはなりません。

❹ 取得に際しての利用目的の通知等

個人情報取扱事業者は、個人情報を取得した場合は、**あらかじめ**その利用目的を**公表している場合を除き**、速やかに、その利用目的を、**本人に通知**し、または**公表**しなければなりません。

❺ 契約書等で個人情報を取得した際の利用目的の明示

個人情報取扱事業者は、契約書等の**書面**に記入された**個人情報**を取得する場合、**利用目的**を本人に**明示**しなければなりません。ただし、**人の生命、身体または財産の保護**のために緊急に必要がある場合は、**明示**は**不要**となります。

8 第三者提供

出題 H28・R1

個人情報取扱事業者は、原則として、**あらかじめ**本人の**同意**を得ずに、個人データを第三者に提供してはなりません。しかし、例えば、管理業者が、業務の一部をアウトソーシングする際に個人データを外部委託先に提供する等の場合には、以下のような例外が設けられています。

ひとこと
外部委託をする都度、本人からの同意を得るのは大変だからです。

1 オプトアウト制度

オプトアウト制度とは、個人情報取扱事業者が次の手続を執ることで、**本人の同意なし**で個人情報を第三者に提供することを認めるものです。

❶ 本人に第三者提供する旨を通知し、または公表すること
❷ 個人情報保護委員会に、オプトアウト制度を採択する旨の届出をすること

ひとこと
オプトアウト制度では、本人からの請求があれば、個人情報の第三者提供を停止しなければなりません。

オプトアウト制度は、例えば、賃貸物件のオーナーが借主を募集する際に、賃貸借の媒介を依頼した業者と実際に借主を探す業者が異なる場合、その導入がないと、媒介業者が借主を探す業者へ個人情報を提供する際に、借主を探す業者も所有者等の同意が必要になりますが、その煩雑さを避けるために導入されます。

2 「第三者提供」に含まれない場合

　個人情報取扱事業者が、次のことを行う場合は、「**第三者提供**」に該当しないため、本人の同意は不要となります。

- ❶ 利用目的達成に必要な範囲内で行う委託先への提供
- ❷ 合併・営業譲渡・会社分割等の事業承継に伴う提供
- ❸ 共同利用（一定のグループ内で行う個人情報の利用）の場合

3 第三者提供の記録の作成

　個人情報取扱事業者は、原則として、個人データを提供した年月日、第三者の氏名又は名称その他の事項に関し、**記録を作成しなければなりません**。また、この記録は作成した日から一定期間保存しなければなりません。

ひとこと

保存期間は、①記録が契約書等の代替手段による方法で作成された場合は、提供日から1年、②一括して記録を作成する方法で作成された場合は、最後に提供した日から3年、③これら以外の場合は記録作成から3年です。

CHAPTER 3　実務に関する法令等

Section 8　保証契約

このSectionのポイント

- ◆ 保証契約 … 債権者と保証人との間の契約。書面か電磁的方法でしなければなりません。
- ◆ 連帯保証 … 主たる債務者と連帯して債務を負担する旨を保証人が債権者と合意した保証のことです。
- ◆ 機関保証 … 家賃債務保証業者等が連帯保証人となる仕組みです。

1　普通保証

H28・29・30・R2

1　保証契約の成立

　本来の債務者（**主たる債務者**といいます）が債務を履行しない場合に、債務者以外の人が、債務者に代わって履行する義務を負うことを、**保証債務**といいます。

　例えば、賃貸借契約の場合では、借主（主たる債務者）が賃料を支払わないために、貸主から支払請求を受けたときには、保証人が代わりに賃料を支払わなければなりません。

187

■ 保証契約

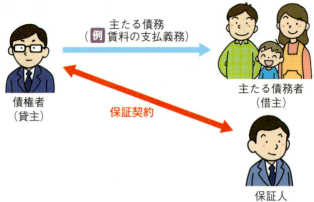

　保証契約は、**債権者**と**保証人**の間で締結する必要があり、また、必ず**書面**または**電磁的方法**で行わなければなりません。

2 保証契約の性質

　保証契約には、次のような性質があります。

❶ 独立性	債権者・保証人間の「独立した契約」である ⚠ つまり、「債権者と債務者の間の契約」とは**別個**の契約となる	
❷ 付従性	成立の付従性	保証は債務を担保する制度であるため、債務がなければ保証の必要がなく、そもそも成立しない
	内容の付従性	主債務の内容より保証債務は重くならない
	消滅の付従性	債務の履行が完了すれば、保証も消滅する
❸ 随伴性	債権者の変更に伴って、保証も新債権者に**移転**する 例 貸主が賃貸物件を第三者に譲渡した場合、保証も新貸主に**移転**する	
❹ 補充性	主債務者が債務を**履行できない**場合、保証人は、債務者の代わりに支払わなければならない	

　賃貸借契約にかかる保証契約の更新・再契約の際の継続や終了に関する「❷ 付従性」については、次のようになります。

賃貸借契約が合意更新された場合	当事者に継続に反対するような特段の事情が**ない**限り、保証契約は、合意更新後も**継続**する
定期建物賃貸借契約が期間満了により終了した場合	期間満了で賃貸借契約は終了し、保証契約も終了する
借主が死亡した場合	賃貸借契約は借主の相続人に引き継がれるので、法人が保証している場合や根保証でない場合は、保証契約も相続人について**継続**する ⚠個人根保証契約の場合は、借主の死亡により元本が確定（保証する金額が決定）し、それ以降の賃料の滞納等は保証しない

また、「❹ 補充性」には、次の２つの抗弁権（相手の請求を拒む権利）が認められます。

催告の抗弁権	まずは主債務者（借主等）に**催促**するよう、債権者に請求できる権利
検索の抗弁権	まずは主債務者の財産から**強制執行**をかけるよう、債権者に請求できる権利

ひとこと
保証人は、主たる債務者が支払えなかったときに、はじめて代わりに支払えばいいので、いきなり支払を求められた場合は拒否することができます。

TRY! 過去問　　　　　　　　　　　　　　　　　　　H30-問14

Q 賃貸借契約の更新の際、特段の事情のない限り、保証人は更新後の保証債務を負う。

A 保証人は、更新後の賃貸借契約から生じる借主の債務についても、原則、その責任を負います。　〇

3　保証債務の範囲

　保証人が負担する保証債務が担保する範囲には、主たる債務に関する利息・違約金・**損害賠償**等が**含まれます**。また、借主が、賃貸借契約の解除後に明渡しを

遅滞したことで生じた賃料相当の損害金も、保証債務の範囲に入ります。

ひとこと
債権者が、保証人に対して元本（賃料）だけでなくこれらの支払を期待するのも当然だからです。

また、債権者は、保証人との間で、保証債務について、支払を遅滞するなどの、債権者が負担するリスクに備えるため、**違約金**または**損害賠償の額**等のペナルティーを約定することができます。

4 分別の利益

保証人が数人いる場合、各保証人は債権者に対して、保証人の数に応じて**分割された部分についてのみ**、債務を負担します。これを**分別の利益**といいます。

ひとこと
簡単にいえば、保証人の責任が"頭割り"になるということです。

■ 分別の利益

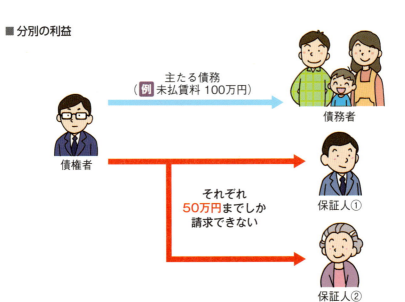

2 連帯保証

出題 H28・29

連帯保証とは、保証人が、主たる債務者と**連帯**して債務を負担する旨について、債権者と合意して行う保証をいいます。

連帯保証には、次のような特徴があります。

❶ 補充性がない	債権者が、主債務者よりも**先**に連帯保証人に請求することも可能 ⚠ 連帯保証人は、催告の抗弁権・検索の抗弁権を主張することができない
❷ 分別の利益がない	各連帯保証人に、それぞれ**全額**を請求することができる

3 根保証

出題 R2

根保証とは、例えば賃貸借契約の連帯保証人のように、「**一定の範囲に属する不特定の債務**（滞納賃料等）」について保証するものをいいます。**個人**が根保証をする場合、保証契約の書面（または電磁的記録）に**極度額**（保証の上限額）の定めを設けておかなければ**無効**となります。

ひとこと
根保証では、保証人がいくらまでを限度として保証しなければならないのかが不明というケースがあり、賃貸借契約の連帯保証人のように、個人が保証人になる場合、保証人の負担が大きいという問題点がありました。そこで、極度額の定めが必要とされました。

個人根保証は以下の事由が生じたときは**元本が確定**し、その後に発生した未払賃料等については**保証されません**。

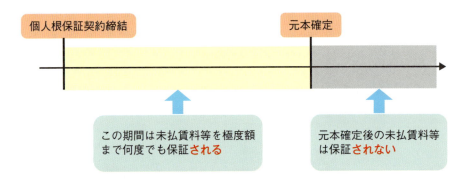

❶ 債権者が、保証人の財産について、金銭の支払を目的とする債権についての**強制執行**または担保権（抵当権等）の実行を申し立てたとき
❷ **保証人**が破産手続開始の決定を受けたとき
❸ 主たる債務者または保証人が**死亡**したとき

個人根保証契約締結　　　　　　　元本確定

この期間は未払賃料等を極度額まで何度でも保証**される**

元本確定後の未払賃料等は保証**されない**

4　主債務の元本等の情報の提供

以下の保証人に対して、債権者・主債務者は情報提供をする義務があります。

委託を受けた保証人	保証人が主たる債務者の**委託**を受けて保証をした場合、保証人の**請求**があったときは、債権者は、保証人に対し、遅滞なく、主たる債務の元本・利息等の情報を提供する義務がある
事業のための保証人	**事業のために**負担する債務について保証人になることを他人に**依頼する場合**には、主債務者は、保証人になるかどうかの判断に資する情報を提供する義務がある

5　保証意思宣明公正証書

　個人が**事業用の債務**の保証人になろうとする場合には、保証契約をする前に、原則として公証人による保証意思の確認を経て、保証意思宣明公正証書を作成しなければなりません。

6 機関保証

　近年、借主が保証人を立てられない場合の対応策として、また、賃料を滞納した場合のリスクヘッジとして、連帯保証の保証人を、知人等の自然人にではなく、**法人その他の機関**に依頼する「**機関保証**」が増えてきています。

　そのような、借主が債務不履行をした際に、借主に代わって貸主に賃料を立て替えて支払う保証機関を、**家賃債務保証業者**といいます。

　保証機関による立替方法には、次の2種類があります。

❶ 立替払い型	**借主が滞納**した場合、その借主に代わって、家賃債務保証業者が貸主に対して賃料を立て替える方法
❷ 収納代行型	● 借主が賃料を家賃債務保証業者に支払い、家賃債務保証業者が受領した賃料を貸主に支払う方法 ● 家賃収納代行も行うため、借主の**滞納の有無とは関係なく**、貸主に月々の賃料の支払を行うもの

CHAPTER 3　実務に関する法令等

Section 9　委任契約

重要度 B

このSectionのポイント

- ◆ 委任契約 …… 管理受託契約は、委任契約に該当します。
- ◆ 報酬の支払 … 特約がないと報酬の請求ができず、報酬を支払う場合は、原則「後払」です。
- ◆ 委任の解除 … 両当事者から、いつでも可能です。

1　管理受託契約と委任契約

出題 H27・28・30・R1

　管理受託契約とは、管理会社が、貸主から賃貸物件の管理を受託する契約です。そして、貸主と管理業者間の管理受託契約は、法律上**委任**契約に該当します。

　委任契約は、物件のオーナーである依頼者が、賃貸物件等の賃貸借契約の代理や管理といった「事務処理」を相手方である管理会社に委託し、相手方がこれを承諾することで効力を生じます。

　委任契約では、**依頼**した方を**委任者**、依頼を**受けた**方を**受任者**といいます。

依頼した側：「委任者」となる　　依頼を受けた側：「受任者」となる

> **ひとこと**
> 建物の管理等を委託することを、法律上は「準委任」といいます。内容は「委任」と変わりません。

1 委任者（依頼した側）の義務

委任者は、受任者が行った事務について、次のような義務を負います。

❶ 報酬支払義務

委任契約は、民法上は原則、報酬が発生しない「**無報酬**」の契約です。したがって、受任者が委任者に報酬を請求するためには、特約を定めておく必要があります。なお、報酬の支払は、後払となります。

> **ひとこと**
> 管理業者は、**商法上の「商人」**に該当するので、報酬の特約がなくても相当の報酬を請求**できます**。なお、①委任者の責任ではない事由で委任事務ができなくなったとき、②委任が履行の途中で終了したときは、既にした履行の割合に応じて報酬を請求できます。

❷ 費用前払義務

委任者は、受任者の請求があったときは、委任した事務の処理のための費用を前払しなければなりません。受任者の経済的負担を軽減するためです。

❸ 費用等の償還義務

受任者が、事務の処理のために費用を支出した場合は、受任者は委任者に対し、その費用および支出した日以後に発生した利息の償還を請求することができます。

❹ 損害賠償義務

受任者が、委任された事務処理の際に、**受任者の過失なく**損害を受けた場合、委任者は、その損害を賠償しなければなりません。

ひとこと
例えば、受任者が天災等の不可抗力により損害を受けた場合、この損害は委任者が自分で事務処理をしていれば被るはずだったものですので、受任者には損害賠償請求権が認められています。

2　受任者（依頼された側）の義務

受任者は、委任者のために行う事務については、次のような義務を負います。

❶ 事務処理についての善管注意義務

受任者は、依頼された事務処理に際し、**善良なる管理者の注意義務**（善管注意義務）をもって行わなければなりません。

なお、善管注意義務とは、職業や社会的・経済的地位に応じて、**取引上一般的に要求される程度**の注意義務を指します。

ひとこと
受任者は、いったん委任者からの依頼を引き受けた以上、**有償・無償に関係なく**、善管注意義務を負わなければなりません。

❷ 委任事務処理の報告義務

受任者は、委任者から**請求**された場合は、**いつでも**委任事務の処理の状況を報告し、また、委任が**終了した後**は、**遅滞なく**その経過および結果を、委任者に報告しなければなりません。

❸ 受取物や果実の引渡義務・取得した権利の移転義務

受任者は、事務を処理する際に受け取った金銭や果実（賃料や利息等）を、**委任者**に引き渡さなければなりません。また、受任者は、委任者のために自己の名義で取得した権利を、委任者に移転しなければなりません。

ひとこと
管理会社が借主から受け取った賃料や賃料から生じた利息は、貸主に返還する必要があります。

❹ 受任者の金銭の消費についての賠償義務

受任者は、委任者に引き渡すべき金銭（例 管理業者が借主から預った敷金等）を**自分で消費したとき**は、消費した日以後の利息を支払わなければなりません。

なお、委任者に対して損害を発生させた場合は、賠償する責任を負います。

■ 委任者・受任者の義務の比較

委任者の義務	受任者の義務
❶ 報酬支払義務（特約がある場合） ❷ 費用**前払**義務 ❸ 費用**償還**義務 ❹ 損害賠償義務	❶ 事務処理についての**善管注意義務**（有償・無償問わず） ❷ 事務処理の**報告義務** ❸ 受取物・果実の引渡義務、権利の移転義務 ❹ 受任者が行った金銭の消費についての責任

2 委任契約の解除・終了

出題 H27・28・30

1 委任契約の解除

委任契約は、**いつでも**、委任者・受任者のどちらからでも解除することができます。委任契約が、そもそも当事者間の信頼関係に基づいているため、万一信頼関係が破壊された場合には、すぐ契約解除すべきだからです。

なお、一方に**不利な時期**に解除する場合や委任者が受任者の利益を目的とする

委任を解除する場合は、**損害賠償**をしなければなりませんが、**やむを得ない事情**があれば、その責任が**免除**されます。

ひとこと
貸主が管理業者に賃貸物件の管理委託料を無料にする代わりに、借主の支払った保証金を自由に使用させているケースが「受任者の利益を目的とする委任」に該当します。

2 委任契約の終了

委任契約は、当事者相互からの解除に加えて、次の事由でも終了します。

委 任 者	死亡・破産手続開始決定
受 任 者	死亡・破産手続開始決定・**後見開始の審判**

ひとこと
後見開始の審判とは、認知症などによって**判断能力を欠く状態**にある人のために、家庭裁判所が選任した成年後見人に、その人の財産の管理等を任せる制度です。

TRY! 過去問　　　　　　　　　　　　　　　　　　H30-問8

Q 委託者が死亡した場合、管理受託契約に特約がなくとも、相続人が管理受託契約の委託者となり、管理受託契約は終了しない。

A 委任者本人または受任者の死亡で、管理受託契約は当然に終了します。　✕

3 賃貸住宅標準管理委託契約書

出題 H28・R2

1 賃貸住宅標準管理委託契約書

アパート等の賃貸住宅1棟の管理を委託する場合の標準契約書として、国土交通省により、**賃貸住宅標準管理委託契約書**が策定されています。

賃貸住宅標準管理委託契約書の主な内容は以下のとおりです。

❶ 管理業務の内容と再委託制限

❶ 契約管理業務	❶の業務は、その一部を他の者に再委託することが可能 ⚠ただし、①の業務のうちア)賃料等の徴収業務 イ)契約更新業務 ウ)契約終了業務 については、それぞれを一括して他の者に再委託することは不可
❷ 清掃業務 ❸ 設備管理業務 ❹ 特約業務	❷❸❹のそれぞれの業務は他の者に一部を再委託することが可能

❷ 代理権の授与

管理業者は、管理業務のうち以下の業務について、依頼者を代理します。

❶ 敷金・保証金・賃料・共益費・附属施設使用料の徴収
❷ 未収金の督促
❸ 賃貸借契約に基づいて行われる借主から依頼者への通知の受領
❹ 賃貸借契約の更新 ⎫
❺ 修繕の費用負担についての借主との協議 ⎬ 依頼者との**事前**協議・**承諾**が必要
❻ 賃貸借契約の終了に伴う原状回復についての借主との協議 ⎭

❸ 管理業者の義務

借主に対する本契約締結時の書面の交付	● 管理業者は、この契約を締結したときは、遅滞なく、一定事項を記載した書面を作成しなければならない ● 以下の場合は、賃貸住宅の住戸の借主に対し、遅滞なく、作成した書面を交付しなければならない 　① 管理委託契約を締結した**後**に**新たに**賃貸借契約が締結されたとき 　② 賃貸借契約が**既に**締結されている賃貸住宅について管理委託契約を**締結したとき**
借主に対する賃貸借契約の更新時の書面の交付	管理業者は、管理委託契約の対象となる賃貸住宅に係る賃貸借契約が**更新**されたときは、当該借主に対し、遅滞なく一定の事項を記載した書面を交付しなければならない
借主に対する賃貸借契約の契約終了時の書面の交付	管理業者は、管理委託契約の対象となる賃貸住宅に係る賃貸借契約が**終了**する場合、当該借主に対し当該契約の終了に伴う**債務の額**を提示しようとするときは、当該額の算定の基礎について記載した書面を交付しなければならない
敷金等及び賃料等の引渡し	管理業者は、借主から受領した敷金等及び賃料等について、依頼者に引き渡すまで、整然と管理する方法により、自己の固有財産及び他の貸主の財産と**分別して管理**しなければならない
管理業務に関する報告等	● 管理業者は、管理業務の内容に応じて依頼者との合意に基づき定めた期日に、依頼者と合意した頻度に基づき定期に、依頼者に対し、管理業務に関する**報告**をしなければならない ● 管理業者は、その業務を行うに当たり、借主から**賃貸借契約に定めのない**金銭その他の財産を受領したときは、依頼者に対し、その旨を**通知**しなければならない

❹ 依頼者の義務

管理業務の情報提供等	● 依頼者は、管理業者が管理業務を行うために**必要な情報**を提供しなければならない ● 依頼者は、目的物件の住宅総合保険、施設所有者賠償責任保険等の損害保険への**加入の状況**を管理業者に提供しなければならない

管理報酬の支払い	● 依頼者は、管理業者に対して、管理業務に関して、**管理報酬**を支払わなければならない ● 依頼者は、依頼者の責めに帰することができない事由によって管理業者が管理業務を行うことができなくなったとき、または、管理業者の管理業務が中途で終了したときには、既にした**履行の割合**に応じて、報酬を支払わなければならない
管理業者が立て替えた費用の償還	管理業者が管理業務を遂行する上でやむを得ず立て替えた費用については、依頼者は、管理業者に、**速やかに**、償還しなければならない

❺ 反社会的勢力の排除

依頼者及び管理業者は、それぞれ相手方に対し、自らが、暴力団、暴力団関係企業、総会屋等の**反社会的勢力ではないことを確約します**。また、確約に反する申告をしたことが判明した等の場合、相手方は、**何らの催告を要せず**して、管理委託契約を**解除**することができます。

❻ 住戸への立入調査

管理業者は、管理業務を行うため必要があるときは、**住戸に立ち入ることができます**。この場合において、管理業者は、**あらかじめ**その旨を当該住戸の**借主**に通知し、その**承諾**を得なければなりません。ただし、防災等の**緊急を要するとき**は、**承諾を得ずに**立ち入ることができます。

❼ 更新・解除等

更　　　　新	● 依頼者または管理業者は、有効期間が満了する日までに、相手方に対し、**文書**で管理委託契約の更新を申し出る ● 有効期間の更新に当たり、依頼者・管理業者間で契約の内容について別段の合意がなされなかったときは、従前の契約と**同一内容**の契約が**成立した**ものとみなす

契約の解除	● 依頼者または管理業者が管理委託契約に定める義務の履行に関してその本旨に従った履行をしない場合には、その相手方は、**相当の期間**を定めて履行を**催告**し、その期間内に履行がないときは、この契約を解除することができる ● 次のいずれかに該当する場合には、依頼者は、この契約を解除することができる ①管理業者がこの契約に係る重要な事項について故意・**重**過失により事実を告げず、または不実のことを告げる行為をしたとき ②管理業者が賃貸住宅管理業に関して**不正・著しく不当**な行為をしたとき ③管理業者が業務に関して**他の法令に違反**し、管理業者として不適当であると認められるとき
解約の申入れ	● 依頼者または管理業者は、その相手方に対して、少なくとも**3ヵ月**前に**文書**により解約の申入れを行うことにより、この契約を終了させることができる ● 依頼者は、**3ヵ月分**の**管理報酬相当額**の金員を管理業者に支払うことにより、**随時に**この契約を終了させることができる
契約終了時の処理	● 管理委託契約が終了したときは、管理業者は、依頼者に対し、目的物件に関する**書類**及びこの契約に関して管理業者が保管する**金員**を引き渡すとともに、賃料の**滞納状況**を報告しなければならない ● 契約が終了したときは、依頼者及び管理業者は、借主に対し、遅滞なく、管理業者による目的物件の管理業務が終了したことを**通知**し、依頼者は、借主に対し、遅滞なく、新たに目的物件の管理を行うこととなる者を**通知**しなければならない

TRY! 過去問

H28-問9

Q 管理業者は、委託者である建物所有者に対し、各契約で定める予告期間をもって申し入れることにより、管理受託契約を解約することができる。

- -

A 管理業者は、委託者である建物所有者に対して、少なくとも3ヵ月前に文書により解約申入れを行うことで、管理受託契約を解約することができます。　**〇**

CHAPTER 4

建物・設備

CHAPTER 4　建物・設備

Section 1 建築構造等

> **このSectionのポイント**
>
> ◆ 建築物の構造 … 木造や鉄骨造など、賃貸住宅で主に用いられる構造の種類と特徴を覚えましょう。
> ◆ 基礎 ………… 建物の重さ等を地盤に伝える部分です。地盤が強固か軟弱かなどにより、用いられる種類が異なります。

1 建築構造の種類

出題 H28

建物の構造には、使用する材料によって、次のような種類があります。

	メリット	デメリット
❶ 木造	・建物の重量（自重）が小さい ・施工しやすい ・設計の自由度が高い ・建築コストが安い	防火・耐火性能に劣る
❷ 鉄骨造 （S造）	・鋼材の加工がしやすい ・工期が短い ・工事の省力化が可能 ・耐震性に優れる	・風・地震等の**揺れの影響を受けやすい** ・**歩行振動に注意が必要** ・外壁の目地（継ぎ目）部分のメンテナンスが必要
❸ 鉄筋 コンクリート造 （RC造）	・耐火・耐久性に富む ・地震時の揺れは鉄骨造より小さい ・設計の自由度が高い ・遮音性・断熱性が高い	・自重が大きいため、地震の影響が鉄骨造よりも**大** ・地盤改良や杭基礎が必要になることがある ・工期が長い ・材料管理や施工により品質と強度にばらつきが多い ・解体がしにくい

❹ CFT造	● 強度が強い ● 耐震性・耐火性に優れる ● 柱断面を細くできる	● S造やRC造よりもコスト高 ● コンクリートの充填確認が十分でない
❺ 鉄骨鉄筋コンクリート造（SRC造）	● 耐震性に優れる ● 鉄骨構造より地震や風による揺れや歩行時の振動が少なく、遮音性が高い ● 高層建築物に向く	● デメリットは「❸鉄筋コンクリート造」と同様、かつ、鉄筋コンクリート造より工期が長く、工事費がかかり、解体がしにくい ● 施工の難易度が高い

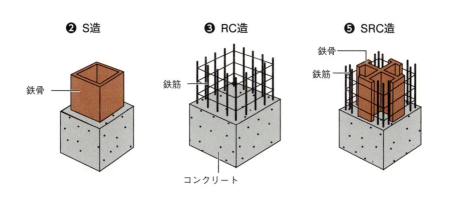

TRY! 過去問　H28-問38

Q 鉄骨鉄筋コンクリート造は、鉄筋コンクリート造より施工がしやすく、工期も短い。

A 鉄筋コンクリート造よりも施工が難しく、工期も長くなります。　✕

2 建物の基礎

出題 H27

基礎とは、一般的に建築物の最下部にあって、建築物に加わる種々の力（荷重）を**地盤に伝達**する部分をいいます。また、**地盤が荷重を支える力**を**地耐力**といい、それが不十分な軟弱地盤に対しては、地盤改良を行って地耐力を増強する・

杭基礎にする等の対応が必要となります。

基礎には、次の種類があります。

❶ 布基礎		●柱の下にのみ、独立して基礎を設ける ●もっとも一般的な基礎工事で、通常の地盤に用いられる ●鉄筋コンクリート造で主に用いられる
❷ ベタ基礎		●布基礎（柱）の間の床下までコンクリートを流し込み、広い面積のコンクリートで建築物を支える ●軟弱な地盤向き
❸ 杭基礎		●しっかりした地盤の層まで杭を打ち込む等をして、布基礎を支える ●軟弱な地盤向き

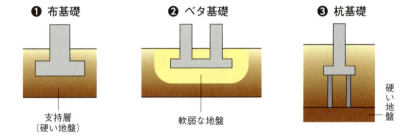

3 ラーメン構造と壁式構造

出題 H27

建築物には、建築部材同士の組合せ（**構造形式**）による分類があります。ここでは、一般的な賃貸住宅に用いられる**ラーメン構造**と**壁式構造**を見てみましょう。

❶ ラーメン構造	●柱と梁を剛接合して建物の骨組み（「ラーメン」とはフレーム・枠のこと）を構成し、荷重や外力に対応する ●建物の強度を高めるために、ラーメン構造の柱と梁の中に壁を組み込んで「耐震壁（耐力壁）」が設けられる場合もある

❷ 壁式構造
- 柱・梁を設けず、壁体や床板など平面的な構造体のみで構成する
- 壁・床を一体にして**箱状**の**構造体**を構成し、荷重や外力に対応する
- プレキャストコンクリートを用いた「壁式プレキャスト鉄筋コンクリート造」もある

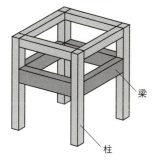

❶ ラーメン構造

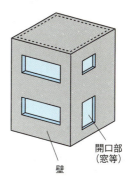

❷ 壁式構造

ひとこと

プレキャストコンクリート工法とは、工場でコンクリートの壁や床をあらかじめ製造して、現場で組み立てる工法をいい、現在、建設工法の合理化を目標として、公営住宅をはじめマンションにも採用されています。

TRY! 過去問 H27-問38

Q 壁式構造は、壁体や床板で構成する構造方式である。

A 壁式構造は、柱・梁を設けず、壁体や床板で構成する構造方式です。 ○

---

4 木造住宅の材料・工法による分類と特徴　出題 R1

木造住宅には、次の工法があります。

	定義	メリット	デメリット
❶ 木造在来工法	柱・梁などの**軸組み**（骨組み）で主要構造を構成する工法	**自重が小さく施工しやすい**ため、設計の自由度が高い	防火・耐火性能に劣る
❷ ツーバイフォー工法	枠組みに構造用合板を張った壁・床で構成された**壁式構造**の工法	構造安全耐力・居住性能（断熱・保温）に**優れている**	気密性が高く、建物の内部に湿気がたまりやすい
❸ プレハブ工法	構成部材を事前に**工場製作**し、現場では組立だけを行う工法	● コストが安定している（現場管理費が安い） ● 工期の短縮や省力化ができる	**規格化された部材**を組み合わせるため、設計の自由度が**低い**
❹ CLT工法	繊維方向で直交するように板を交互に張り合わせたパネルを用いて床、壁、天井（屋根）を構成する工法	● 耐震性・断熱性・遮炎性に優れている ● 材料寸法の安定性が高い	● 価格が高い ● 雨水浸入を妨げることができない 　➡ 外部仕上げが必要

5　SI（スケルトン・インフィル）住宅

構造体（**スケルトン**）に高強度のコンクリート（大規模補修が不要な期間は100年とされる）を使用することで、100年以上の耐久性を持たせ、**内装や設備**（**インフィル**）を構造体と分離させて改装や設備の更新をしやすくした仕組みの住宅を、**SI**（**スケルトン・インフィル**）**住宅**といいます。

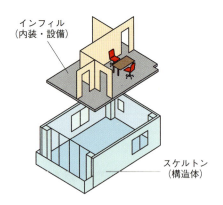

スケルトン（構造躯体部分）は頑丈な長寿命の構造とし、**インフィル**（間取りや設備）はライフスタイルに合わせて柔軟に変更・改修できるようにすることで、「長く住める家」にすることができます。

Section 2 耐震構造

CHAPTER 4　建物・設備

重要度 B

このSectionのポイント

◆ 耐震診断 ……………「必要な地震への耐力」と「現実の耐力」の比較による耐震性能の診断です。

◆ 耐震改修促進法 ……… 賃貸共同住宅には、原則、耐震診断と耐震改修の努力義務が課せられていますが、すべてが対象ではありません。

◆ 耐震構造・耐震改修 … 建物の耐震化の方法を覚えましょう。

1　耐震診断

出題 H29

　耐震診断とは、建物について、地震に対して**必要な耐力**（建物や部材が耐えられる力）と、**現実に保持**している耐力を比較し、その結果、大地震の際に受けると想定される被害の程度を評価することをいいます。

1　木造建物の耐震診断

　住居系の建物が多い木造の建築物の場合、耐震診断は、次のように**3種類**に分けて行われます。

	内容	対象者
誰でもできる我が家の耐震診断	住宅所有者が自ら診断できる一般人向けの簡易耐震診断 簡単なＱ＆Ａ形式に答えるだけで診断ができる	一般人向け
一般診断	基本的に非破壊による現地調査を行う最も一般的な診断方法	建築士・大工・工務店等の建築関係者向け
精密診断	一般診断を行い耐震補強が必要な場合に、補強計画を策定（補強効果を確認）するために行う診断 基本的に一部破壊（または天井裏や床下などの詳細調査）による現地調査を行う	建築士向け

2 鉄筋コンクリート造建物の耐震診断

　鉄筋コンクリート造の建物の場合、基準となる項目は、①**構造部材の強度・断面寸法**、②建物の**形状**、③建物の**老朽度**の３つです。

　まずは建物を**目視**して**予備調査**を行い、「耐震診断の必要あり」とされた場合に、次の３つの診断方法から適切なものを**選択**して診断を行います。

❶ 1次診断	各階の柱と梁のコンクリートの断面積とその階が支えている建物の重量から計算する簡易な方法
❷ 2次診断	● 柱や壁の強度を**計算**して**強固さ・粘り強さ**を判断する方法 ● 鉄筋コンクリート造建物では、通常実施されている
❸ 3次診断	● 柱や壁だけでなく梁も判断要素とし、各パーツだけではなく建物全体としての**総合的な耐力も加味**するため、より精密で高次元な診断となる ● ７階建て以上の高層建物には、３次診断が推奨されている

TRY! 過去問

H29-問29

Q 耐震診断は、建物に必要とされる耐力と現に保持している耐力を比較し、評価するものである。

A 耐震診断とは、建物に必要とされる耐力と、現に保持している耐力を比較し、地震に対する安全性を評価するものです。　　○

211

2 耐震改修促進法（建築物の耐震改修の促進に関する法律）
出題 H29

1 対象となる賃貸共同住宅

次の❶～❸すべてに該当する**賃貸**共同住宅は、耐震改修促進法上の**特定既存耐震不適格建築物**に該当するため、**耐震診断**を行い、その結果、地震に対する安全性の向上を図る必要があると認められるときは、耐震改修を行うよう努めなければなりません（**努力義務**）。

ひとこと

賃貸共同住宅が対象ですので、原則として、同じ賃貸物件でも「**戸建て**」の住宅は対象**外**となり、また、「**分譲**」共同住宅も対象**外**となります。

❶ **3階**建て以上
❷ 床面積**1,000㎡**以上
❸ 建築基準法の耐震規定に不適合である場合
（不明な場合は、新築工事の着手が**昭和56年5月31日以前**であること）

TRY! 過去問　　　　　　　　　　　　　　　　　　　　　H29-問29

Q 特定既存耐震不適格建築物の所有者は、耐震診断を行い、診断の結果、地震に対する安全性の向上を図る必要があると認められるときは、耐震改修を行うよう努めなければならない。

A 特定既存耐震不適格建築物の所有者は、耐震診断・耐震改修の「努力義務」を負います。「義務」ではない点に注意しましょう。　〇

2 耐震改修に関する指導・助言

所管行政庁は、特定既存耐震不適格建築物の耐震診断・耐震改修の的確な実施を確保するために必要があるときは、所有者に対し、必要な**指導・助言**をすることができます。

> **ひとこと**
> **所管行政庁**とは、建築確認（建築物が建築基準法に適合しているか否かのチェック）申請を行う、**建築主事**という公務員が置かれている地方公共団体です。

3 耐震構造等の種類

出題 H27

耐震構造等には、次の種類があります。

	特　徴	メリット	デメリット
❶ 耐震構造	地震力に耐えるように建物の**剛性**（建物の変形のしにくさ）を高めて設計された構造形式	建物の倒壊する可能性が低い	地震の揺れが建物に直接伝わるため、**上の階ほど揺れが大きい**
❷ 免震構造	建物の基礎と上部構造の間に、積層ゴムや摩擦係数の小さいアイソレーター（滑り支承）を設けた**免震装置**を設置して、地震力に対して建物がゆっくりと水平移動し、建物の**変形を少なくする**構造形式	建物の耐震性能が高まるだけでなく、家具の転倒や非構造部材の破壊が少なくなる	免震装置の維持管理が必要になる
❸ 制振（震）構造	建物の骨組み等に**制振装置**（ダンパー）を設けて、地震のエネルギーを吸収することにより、建物が負担する地震力を低減し、**破壊されにくくする**構造形式	**免震構造に比べて低コスト**	免震構造に比べて、建築物に生じる加速度を低減する効果がほぼ期待できない

213

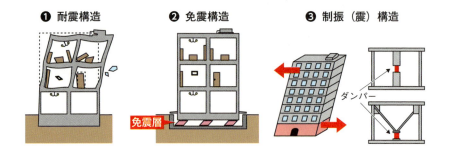

4 耐震改修

建物の耐震改修方法には、前記のような**構造形式**による他に、次のようなものがあります。

1 木造・軽量鉄骨造の場合

❶ 壁を**構造パネル**（構造用合板）等で補強する方法
❷ 開口部を**筋交い**等で補強する方法
❸ 基礎と土台、柱と梁を**金物**で**緊結**して補強する方法
❹ 地震力を吸収する**制振装置**（ダンパー）を取り付ける方法（前記❸❸）

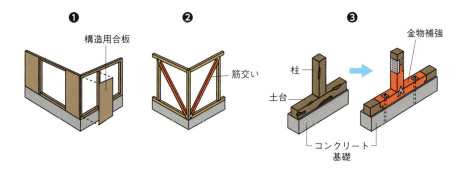

214

2 鉄筋コンクリート造の場合

❶ 柱の鋼板巻き・炭素繊維シート巻きによる補強

既存の柱や梁に鋼板や炭素繊維シートなどを巻くことによって、柱や梁の**靭性**（粘り強さ）を向上させる方法です。

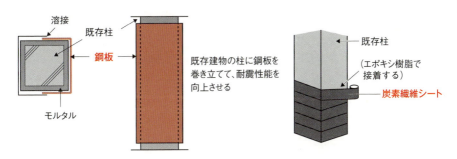

❷ 袖壁の増設による補強

袖壁とは、柱の横についている壁のことです。袖壁を増設することで、柱の**耐震性**を**高める**ことができます。

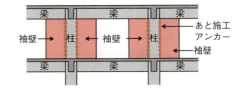

❸ 耐力壁や鉄骨ブレース（筋交い）設置による補強

柱と柱の間に**耐力壁**を新設したり、**鉄骨ブレース**（柱と柱の間に斜めに入れて建築物を補強する部材）を設置することで、柱の**耐震性**を高めることができます。

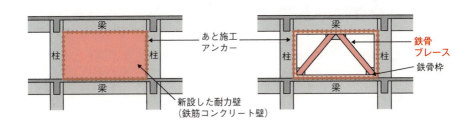

5　被災建築物応急危険度判定

　被災建築物応急危険度判定は、大地震により被災した建築物について、その後の**余震等による倒壊の危険性**や、**外壁・窓ガラスの落下**、**付属設備の転倒**などの危険性を判定し、人命にかかわる二次的被害を防止することを目的としています。

　判定結果は緑（調査済み）・黄（要注意）・赤（危険）の三段階で区分し、建築物の出入り口などの見えやすい場所に設置することで、その建築物の利用者だけでなく付近を通行する歩行者などに対しても安全性の識別ができるようにしています。

ひとこと

なお、被災建築物応急危険度判定は地震発生後の二次災害防止のために行うもので、罹災証明のための調査（被災度区分判定）とは異なります。

6　コンクリートブロック塀の調査

　大阪府北部地震でブロック塀の倒壊により犠牲となった人がいたことを受けて、ブロック塀の安全対策を推進しています。

①コンクリートブロック塀の構造

コンクリートブロック塀は以下の構造にしなければなりません。

■ コンクリートブロック塀の構造

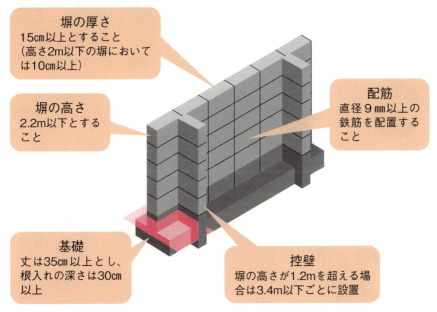

②報告義務

都道府県及び市町村が定める耐震改修促進計画に記載された道路にある1981（昭和56）年以前に設置された塀のうち、**高さが前面道路中心線からの距離の$\frac{1}{2.5}$倍**を超えるもので、**長さが25m**を超える塀の所有者は、耐震診断結果を各自治体が計画で定める期間内に**報告**しなければなりません。

■ 報告対象となるブロック塀

CHAPTER 4　建物・設備

Section 3　建物の維持・保全

重要度 **A**

このSectionのポイント

- ◆ 予防保全 … 故障等を予防するための<mark>事前処置</mark>のことで、事後保全より重要です。
- ◆ 定期報告 … 賃貸共同住宅の所有者は、有資格者に建物や敷地、建築設備の調査・検査をさせて、<mark>特定行政庁に報告</mark>しなければなりません。
- ◆ 修繕計画 … 建物の適切な維持管理のためには、「修繕計画」を作成し、それを基に計画修繕を行うことが重要です。

1　維持・保全の意義

出題 H28

1　「保全」とは

保全とは、竣工時点で建築物が持つ機能・性能を<mark>将来も維持</mark>することをいいます。なお、建築物の全体または部分の機能・性能を、使用目的に適合するよう維持・改良する様々な行為を意味するような、広い概念として用いられることもあります。

2　予防保全と事後保全

維持保全は、**予防保全**と**事後保全**の2つに分けることができます。

❶ 予防保全	・点検や保守により故障の前兆をとらえ、あらかじめ適切な処置を施すこと ・賃貸物件の維持・保全管理においては、事後的な対応ではなく「**予防保全**」が<mark>重要</mark>
❷ 事後保全	事故や不具合が生じた後に、修繕等を行うこと

218

> **ひとこと**
> 管理業者には、事後保全だけでなく、予防保全の場合も、**法定耐用年数にとらわれず**劣化状況と収支状況を考え、予防的に交換・保守・修繕することが求められます。

2 建物の点検

出題 H27・29・R2

1 日常点検

❶ 点検業務と管理業者の役割

　日常点検業務は、建築物だけでなく、外構や植栽等の清掃状況も常に対象とするため、点検項目は多岐にわたります。

　管理業者は、次の点検業務の目的と必要性を貸主に十分説明し納得してもらう必要があり、その上で**費用の見積り**と**結果報告**を、必ず行わなければなりません。

> ❶ 法定点検は、資格者による点検作業と所轄官庁への報告義務があるため、費用がかかること
> ❷ 建物は時間とともに劣化し、耐用年数が到来した設備は交換しなくてはならないこと
> ❸ 製品メーカーの部品保管義務の経過後に修理する場合は、部品がないおそれもあり得ること

❷ 巡回点検業務

　巡回点検は、周期を決めて継続的に行うべき、管理業者が受け持つ重要な業務です。管理業者は、巡回点検業務の結果を整理・保管し、時間の経過と状態の変化を把握できるよう、点検項目を各建物の部位や現象に分けて**リスト**を作り、誰が行っても間違いなく点検できるようにしなければなりません。

❸ 巡回者とのコミュニケーション

　管理業者は、入居者からの情報を積極的に活用すべきであり、その際に有効と

なるのが、**巡回者等からの報告**です。常駐管理の場合は、常駐者（じょうちゅうしゃ）が巡回点検しますが、常駐者による巡回点検後は、報告項目以外の些細なことであっても報告してもらうよう指導するべきです。また、巡回点検では、清掃担当者からの情報を有効活用することも望まれます。

ひとこと
例えば、清掃担当者に、気づいた箇所を携帯電話で撮影して送ってもらうだけでも、それを正確な記録として活用できます。

TRY! 過去問　　　　　　　　　　　　　　　　　　　　　　　　H27-問30

Q 管理業者は、貸主に対し、日常点検業務に関する費用の見積りと結果報告は必ず行わなければならない。

A 管理業者が行う、貸主に対する日常点検業務に関する費用の見積りと結果報告は、必須です。　　　　　　　　　　　　　　　　　　　　　　○

2 漏水の原因箇所

❶ 雨水による漏水

雨漏りの発生原因は多岐にわたり、発生源を特定することが困難な場合が多くあります。その内容を分類すると、次のようになります。

	原因箇所	原　因
最上階	屋上や屋根・庇（ひさし）からの漏水	屋根・庇等自体の劣化・コーキング材の劣化・防水層の劣化
中間階	外壁や出窓やベランダからの浸水	● タイルの剥（は）がれやクラック（ひび割れ） ● 防水などのためタイルの継ぎ目やすき間を埋めたコーキング材の劣化 ● 出窓の屋根と外壁との取り合い（接続）箇所やサッシ回りの劣化 ● ベランダの床表面の傷・破損

❷ 雨水以外の漏水

雨水以外にも、以下のような漏水の原因があります。

配管からの漏水	● 床下等の**埋設**配管・壁の内側に**隠された**配管等からの漏水 ⚠️ 床や壁を壊す必要がある ⚠️ 上階からの漏水が多いので、上階や横系統バルブを閉めて給水を遮断し、発生源を特定する ● 給水管の**保温**不足による**結露**を原因とする漏水
室 内 の 漏 水	● 洗濯機をあふれさせたり、流し台・洗面台の排水ホースが外れている ● 大雨のときのベランダからの浸水

❸ 外壁のメンテナンス

屋根や外壁では以下のような点検やメンテナンスを行います。

傾 斜 屋 根 （カラーベスト等）	● 屋根表面のコケ・カビの発生 ┐ ● 塗膜の劣化による色褪せ・錆び等による美観低下 ├ 点検 ● 夏場日差しによる気温上昇・冬場の気温低下等による変形・ゆがみ・割れ・雨漏り等 ┘ する ● おおむね10年前後で表面塗装を実施する
陸屋根・ルーフ バ ル コ ニ ー	● 錆びの発生やボルトキャップの劣化 ┐ ● 防水面の亀裂・膨れ・シーリングの劣化 ├ 点検 ● 排水溝（ルーフドレン）がふさがれないか ┘ する
コ ン ク リ ー ト 打 ち 放 し	● 表面に発生した雨水の汚れ・コケ・カビの発生 ┐ ● 塩害・中性化・凍害 ├ 点検 　・鉄筋発錆による爆裂（ひび割れ） ┘ する
ピンネット工法の 外 　 　 　 壁	● 竣工後10年ごとに全面打診・赤外線調査を行う
タイル張りの外壁	● 竣工後10年ごとに全面打診・赤外線調査を行う ⚠️ 有機系接着剤張り工法では、引張接着試験に代えることもできる

❹ 劣化現象

外壁では以下の劣化現象があります。

剥 落 ・ 欠 損	● 外壁タイルや仕上げ材がコンクリート躯体から落下すること
ひ 　 び 　 割 　 れ	● 塩害・中性化・鉄筋発錆等の原因により、コンクリート等がひび割れること

CH.
4

❸
建物の維持・保全

221

白華現象	● エフロレッセンスともいい、セメントの石灰等が水に溶けてコンクリート表面に染み出したもの
錆び汚れの付着	● 外壁のひび割れ等から、雨水が内部に浸入し、建物の内部にある、ラス鋼などの金属部に水分が付着することで錆び、その汚れが付着すること ● 錆びのある金属部が雨によって濡れ、雨水と一緒に錆びが流れて付着することもある
ポップアウト	● コンクリート内部の部分的な膨張圧によって、コンクリート表面の小部分が円錐形のくぼみ状に破壊されること
チョーキング	● 塗装面やシーリング材の表面が劣化し、粉状となる現象

3 定期報告（建物等の定期報告制度）

出題
H27・28・30

　不特定多数の人が利用する建築物（**特定建築物**）で、一定規模以上のものは、構造（躯体）の老朽化や避難設備の不備、建築設備の作動不良などにより、大きな事故や災害が発生する恐れがあります。

　こうした事故等を未然に防ぎ、建築物等の安全性や適法性を確保するために、建築基準法では、建築物の所有者または管理者は、定期的にその状況を一級建築士等の**有資格者**に**調査・検査**させて、その結果を、決められた報告様式に従って特定行政庁に報告することが義務づけられています。

ひとこと
特定行政庁とは、**建築主事**を置く地方公共団体とその長（**知事等**）のことをいいます。

　この**調査・検査**には、次の4種類があります。

		調査・検査対象	報告回数	調査・検査資格者
❶	特定建築物 定期調査	① 敷地 ② 構造 ③ 防火 ④ 避難 の4種類	6ヵ月〜 3年に1回 (特定行政 庁が定める 時期)	一級建築士 二級建築士 **特定建築物**調査員
❷	防火設備 定期検査	防火戸・防火シャッター 等の防火設備	6ヵ月〜 1年に1回 (特定行政 庁が定める 時期)	一級建築士 二級建築士 **防火設備**検査員
❸	建築設備 定期検査	換気設備・排煙設備・ 非常用照明設備・ 給排水設備等		一級建築士 二級建築士 **建築設備**検査員
❹	昇降機等 定期検査	エレベーター・ 機械式駐車場等		一級建築士 二級建築士 **昇降機等**検査員

TRY! 過去問　　　　　　　　　　　　　　　　　　　　　　　　　　H28-問30

Q 特定建築物等の所有者又は管理者は、定期に、一級建築士等に調査をさせなければならない。

A 特定建築物等の所有者・管理者は、定期に、一級建築士等に調査をさせなければなりません。　　**〇**

---

4 計画修繕工事

出題 H30

1 修繕計画

　建物を適切に維持・管理していくためには、修繕計画による**的確な修繕の実施**が必要です。中・長期的に考えれば、**修繕計画**に基づいて適切な時期に修繕を実施することにより、借主の建物に対する好感度が上がり、結果的に**入居率**も上がって、賃貸経営の**収支上プラス**に働くと考えられます。

223

2 計画修繕の実施

　修繕計画に基づいた計画修繕の実施にあたっては、まず、計画された修繕部位を現場で**点検・調査**したうえで、他に不具合が生じている箇所がないかどうかも併せて見るなど、**全体状況**を把握することが重要です。

　また、修繕工事には、日常生活の中で行われる工事のため、騒音や振動、ゴミやホコリの発生で**借主などに迷惑を及ぼす**という問題もあり、配慮が必要です。

3 計画修繕の費用

　計画修繕を着実に実施していくためには、資金的な裏付けを得ることが必要であり、長期修繕計画を策定して維持管理コストを試算し、**維持管理費用**を、**賃貸不動産経営の中に見込む**ことが必要です。

5 修繕履歴

出題 R2

　修繕履歴とは、修繕や更新などを含めて建物の**建築部位**や**設備機器**に関する、工事履歴のことです。適切に計画修繕が実施されているか否かを検証する等の目的をもって作成されます。修繕履歴は、**次の修繕**を企画する上で重要な情報となります。

❶ 修繕履歴の必要性

　賃貸建物が長期にわたり必要な機能を維持し、収益性を保持するためには、**日常の点検管理**と**計画的な修繕**が欠かせません。一方、収益性の確保のためには、**無駄や無理のない**日常管理や計画修繕が求められますが、建物の状態は外観だけでは判明できず、**見えない部分**も含めて修繕の必要性を判断し、効率的な修繕計画を立案する必要があります。見えない部分の使用資材や施工方法等の判断に修繕履歴が必要となります。

❷ 履歴情報の蓄積・利用のメリット

履歴情報の蓄積・利用には以下のメリットがあります。

❶ 正確な情報に基づく適切な維持管理の実現
❷ 正確な情報に基づく合理的なリフォームの実現
❸ 透明性の確保された適切な賃貸借関係の実現
❹ 正確な履歴情報に基づいた既存建物の適切な評価
❺ 災害時の正確で迅速な復旧や補修の実施
❻ 事故の際の対応支援

CHAPTER 4　建物・設備

Section 4　建築基準法による規制

重要度 A

このSectionのポイント

◆ シックハウス症候群 … 新築の建築物には、クロルピリホスの使用禁止・ホルムアルデヒドの使用制限・換気設備の設置義務等の規制が課せられています。

◆ 避難等に関する規定 … 廊下や階段にも建築基準法の規制がかかります。

◆ 石綿（アスベスト） … 中皮腫の原因になる有害物質として、使用が禁止されています。

1　居室等に関する規定

出題 H28・29・30・R1・R2

1　採光と換気

住宅の居室の採光と換気のために、次のように開口部（窓等）の面積が定められています。

居室の採光	・採光に有効な開口部を設けなければならない ・開口部として、各居室の床面積の $\frac{1}{7}$ 以上が必要 ⚠ 事務所や店舗はこの規制の対象外
居室の換気	・換気に有効な開口部を設け、その開口部の面積としては、各居室の床面積の $\frac{1}{20}$ 以上が必要 ・換気に有効な部分の面積が $\frac{1}{20}$ 未満の居室や火を使用する室では、**換気設備**を設けなければならない

ひとこと

採光・換気に関して、襖等で仕切られた2室は1室とみなすことができます。

226

2 シックハウス症候群対策

建材に含まれる**ホルムアルデヒド**や**揮発性有機化合物**（VOC）等が原因で、倦怠感・めまい・頭痛等が生じることを**シックハウス症候群**といいます。

建築基準法は、2003年7月1日以降に着工された建物につき、シックハウス症候群対策のため、次の規制を行っています。

❶ クロルピリホスの使用禁止

建築材料に**クロルピリホス**（白アリ除去剤）**を添加**することや、クロルピリホスを**あらかじめ添加**した建築材料の使用は、どちらも**禁止**されています。

❷ ホルムアルデヒドの使用制限

ホルムアルデヒド（建築用の接着剤等に含まれる化学物質）を用いた建築材料については、**使用面積制限**等の一定の制限が課せられています。

❸ 機械換気設備の設置義務

シックハウス対策としては、ホルムアルデヒドや揮発性有機化合物（VOC）等の有害物質を、換気により居室外に追い出すことが重要です。そこで、居室内では、ホルムアルデヒドの発散による衛生上の支障がないよう、**居室では0.5回/h**（毎時）以上、廊下や便所では0.3回/h以上の換気能力を有する「**24時間換気設備**」が必要とされています。

> **ひとこと**
> 例えば「0.5回/hの換気の能力」とは、1時間に室内の空気の半分を新鮮なものに入れ替えることのできる能力をいいます。

> **TRY! 過去問**　H29-問40
>
> **Q** シックハウス症候群の原因となる揮発性有機化合物（VOC）の除去対策として、すべての住宅は、24時間稼働する機械換気設備の設置が義務付けられている。
>
> **A**「2003年7月1日以降に新築された建物」のみが対象となります。　✗

❹ アスベスト（石綿）の使用禁止

　アスベスト（石綿）とは、天然の鉱石に含まれる繊維のことで、アスベスト粉じんは、肺がんや中皮腫・肺線維症（じん肺）の原因物質です。そこで、建築材料として**アスベスト**を使用することや、アスベストが含まれる建築材料を使用することは**禁止**されています。吹付けロックウールで、その含有する石綿の重量が、建築材料の重量の**0.1％**を超えるものをあらかじめ添加した建築材料も、**使用禁止**です。

3 居室の天井の高さ

　居室の天井の高さは**2.1m以上**でなければなりません。また、1つの部屋で天井の高さの異なる部分がある場合は、その**平均の高さ**となります。

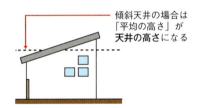

■ 小屋裏物置（ロフト）の要件

　ロフトは、以下の要件を満たすと、床面積に算入されません。
① 天井高は**1.4m**以下であること。
② 直下階の床面積の**2分の1**未満の広さであること
③ 用途は**収納**等で居室には**用いない**

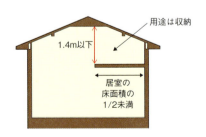

2 避難等に関する規定

1 幅・踏み面・けあげの寸法

共同住宅では、階段の寸法に関して、次のような制限が課せられています。

階段の種類	踊り場の踏み幅	けあげ	踏み面
直上階の床面積の合計が200㎡を超える地上階	120cm以上（高さ4m以内毎）	20cm以下	24cm以上

なお、回り階段の部分における踏み面の寸法は、踏み面の狭い方の端から **30cm** の位置において測ります。

■ けあげと踏み面

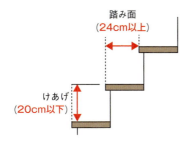

■ 回り階段の場合の踏み面

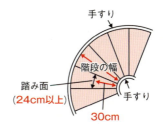

2 手すり

高さ1mを超える階段には、手すりの設置が必要です。また、手すりが設けられていない側には側壁等を設けなければなりません。

手すりを設けた場合の階段の幅については、**10cm** までの手すりについては、**ない**ものとみなして、階段の幅を測ることができます。

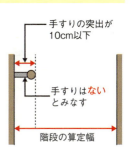

3　廊下の幅

共同住宅の共用廊下については、次のような廊下の幅の制限があります。

用途・規模	両側に居室がある場合	「片側廊下」の場合
共同住宅の共用廊下 （その階の住戸や住室の床面積が100㎡を超える場合）	1.6m以上	1.2m以上

■両側に居室がある場合

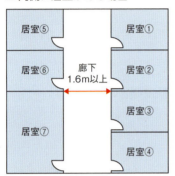

■「片側廊下」の場合

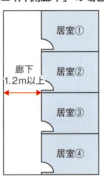

TRY! 過去問　H29-問28

Q 共同住宅における住戸の床面積の合計が100㎡を超える階では、両側に居室のある場合には、1.2m以上の廊下の幅が必要とされる。

A 「1.6m」以上の廊下の幅が必要です。　✗

4　2以上の直通階段

共同住宅が火事になったときに、避難階段の設置が1ヵ所だけだと、避難する人がそこに集中し、結果、逃げ遅れる可能性があります。そこで、安全のために、次の共同住宅には、<u>2以上</u>の直通階段の設置が必要とされています。

❶ 6階以上の階（面積に関係なく必要）
❷ 5階以下の階で、各居室の床面積の合計が**100㎡**（主要構造部が耐火・準耐火・不燃材料で造られている場合は200㎡）を超える場合

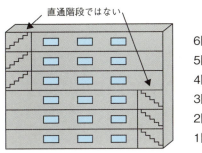
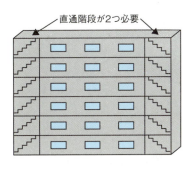

5 非常用の照明装置

　火災などで停電が発生すると、避難方向や周囲の状況を把握できなくなるため避難が困難になります。そこで、共同住宅では、共用廊下や階段等の**避難経路**に、**非常用の照明装置**の設置が義務づけられています。

ひとこと
ただし、共同住宅の**各居室**には、非常用の照明装置の設置義務は**ありません。**

6 非常用進入口

　すべての建築物では、3階以上の階で高さ31m以下の階には、非常用の進入口を設けなければなりません。ただし、以下の場合は不要です。

❶ 非常用の昇降機を設けた場合
❷ 外壁面の長さ10m以内ごとに、1mの円が内接できる大きさまたは幅75cm以上で高さ120cm以上の大きさの窓を設けている場合

CHAPTER 4　建物・設備

Section 5　給水設備

重要度 C

このSectionのポイント

- ◆ 塩化ビニル管 …… 合成樹脂（プラスチック）製のため、鋼管より強度で劣るものの、軽くて腐食しにくい給水管です。
- ◆ ボールタップ …… 受水槽内にあるボール（浮き球）のことで、その上下の動きによって給水弁の開閉を行います。
- ◆ 給水方式 ……… 建物で使用される給水方式の種類と特徴を覚えましょう。

1　給水設備

出題　H29・R1

給水設備は、配管・弁・ポンプ・水槽などで構成されます。

1　給水配管

給水配管には、次のような種類があります。

種類	特徴
塩化ビニル管	● 合成樹脂（プラスチック）製であり耐食性・耐薬品性に**優れて**いて、さらに**軽量**で施工性にも優れている ● 鋼管（金属管）に比べると、強靭性・耐衝撃性・耐火性では**劣る** 温度変化による伸縮に配慮が必要
硬質塩ビライニング鋼管	● 鋼管の内側に、塩化ビニル管（プラスチック製）をライニング接着している管 ● 耐食性・耐久性に**優れている**
ポリエチレン粉体ライニング鋼管	● 鋼管の内面にポリエチレンを被覆したもの ● 耐食性に優れており、リサイクルが可能

銅管	● 耐食性・耐熱性に優れているので給湯管で主に用いられる ● 錆に強い
ステンレス管	● 耐久性・耐食性・耐熱性が高い ● 他の管に比べて寿命が長い ● 近年のマンションの共用部分で用いられる

TRY! 過去問　　　　　　　　　　　　　　　　　　　　　　H29-問30

Q 塩ビ管は、強靭性、耐衝撃性、耐火性で鋼管より劣るが、軽量で耐食性に優れている。

A 塩ビ管は、強靭性、耐衝撃性、耐火性で鋼管より劣りますが、軽量で耐食性・耐薬品性や施工性に優れています。　○

2　受水槽(貯水タンク)

受水槽(貯水タンク)とは、水をいったん貯めておく容器をいいます。

■受水槽(貯水タンク)

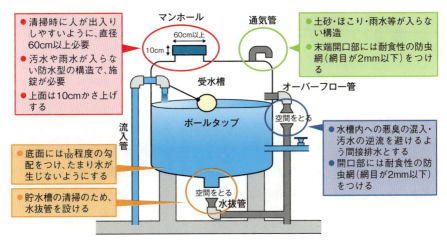

233

❶ ボールタップ・電極棒

　受水槽内には、ボールタップまたは電極棒がついています。ボールタップと電極棒は、水が減ると弁が開き、受水槽内の水が一定以上の水位に達すると弁が閉じ、水を止める設備です。これらが故障すると、満水になっても給水ポンプが作動し続け、水がオーバーフローとなり、**騒音**の発生だけでなく、**余分**な**電気代**がかかります。また、減水を検知する**電極棒が故障**した場合には、**給水ポンプが作動しなくなります**。

　万一、故障により受水槽が満水または減水になった場合は、満減水警報が発報され、故障を知らせる仕組みになっています。

❷ 受水槽の清掃

　受水槽の清掃中は断水になるため、清掃実施日を事前に**掲示板**等に掲示し、入居者に通知しておかなければなりません。また、断水後や、水槽清掃が終了して給水を開始したときには、**赤水**が出ることが多いため、事前にその告知をしておく必要があります。

ひとこと
なお、水槽の蓋の鍵は、施錠されていることを日常的に確認します。

❸ 揚水ポンプ

　揚水ポンプの種類としては、**給水用渦巻きポンプ**（固定した容器中で、羽根車を高速で回転させるもの）が一般的です。このほか、「増圧給水ポンプユニット」という加圧給水方式（ポンプ直送方式）に用いられる「定圧給水装置」や、「増圧直結方式」に用いられる制御機構と一括されたシステムなどがあります。

❹ 給水設備におけるトラブル

　給水の際は、各住戸で適切な水圧が保たれるようにしなければなりません。万一、住戸内で給湯している最中に水圧が低下すれば、**給湯器のガスの燃焼に支障**をきたし、機器を壊す可能性があります。また、反対に水圧が高すぎると、機

器や配管に過剰な負担がかかり、**ウォーターハンマー現象**等を起こし、**メーターの故障やバルブの破損等**を引き起こして、漏水の原因にもなります。

ひとこと

ウォーターハンマー現象とは、バルブを急閉すると、それまで流れていた水が管内各部にぶつかり異常音や衝撃を生じさせる現象のことです。

2 給水方式

給水方式には、次のような種類があります。

方式	特徴
❶ 水道直結直圧方式	●水道本管から分岐した給水管から各住戸へ直接給水し、受水槽やポンプを**使用しない**方式 ●小規模で低層の建物で採用される
❷ 増圧直結方式	●水道本管から分岐して引き込んだ上水を**増圧給水ポンプ**で各住戸へ直接給水する方式 ●中規模までのマンションやビルで採用される ●定期的なポンプの検査が必要
❸ 高置水槽方式 （重力方式）	●水道本管から分岐して引き込んだ上水をいったん**受水槽**に貯水し、揚水ポンプによって屋上に設置された**高置水槽**に送水し、重力により各住戸へ給水する方式 ●圧力変動はほとんどないが上階で圧力不足・下階で過大な圧力となることがある ●断水や停電時でも短時間は給水できる
❹ 圧力タンク方式	水道本管から分岐して引き込んだ上水をいったん**受水槽**に蓄え、その水を加圧ポンプで**圧力タンク**に給水し、圧力タンク内の空気を圧縮し、加圧して各住戸へ給水する方式 ⚠ 高置水槽は不要
❺ 加圧給水方式 （ポンプ直送方式）	水道本管から分岐して引き込んだ上水をいったん**受水槽**に蓄え、**加圧ポンプ**により加圧した水を直接、各住戸へ給水する方式 ⚠ 高置水槽は不要

❶ 水道直結直圧方式　　❷ 増圧直結方式　　❸ 高置水槽方式

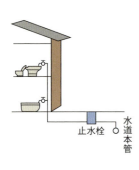 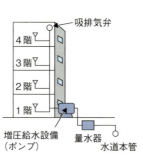 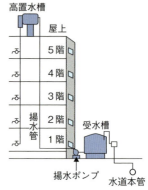

❹ 圧力タンク方式　　❺ 加圧給水方式

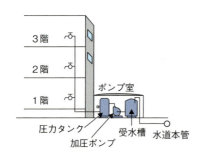 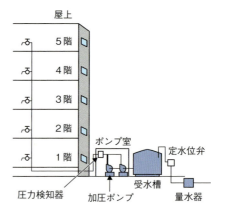

TRY! 過去問

H29-問30

Q 増圧直結方式は、水道本管から分岐して引き込んだ上水を増圧給水ポンプで各住戸へ直接給水する方式であり、中規模以下のマンションやビルを対象とする方式である。

A 増圧直結方式では、上水を増圧給水ポンプで各住戸へ直接給水する方式です。なお、受水槽は不要です。　〇

3 配管方式

建物の配管方式には、**先分岐方式**と**さや管ヘッダー方式**があります。

先分岐方式	継手（ジョイント）を使用して配管を分岐しながら洗面所や台所等に接続する方式
さや管ヘッダー方式	洗面所等の水回り部に設置されたヘッダーから管をタコ足状に分配し、各水栓等の器具に単独接続する方式

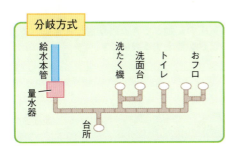
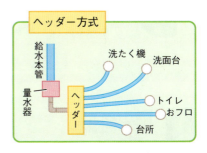

CHAPTER 4　建物・設備

Section 6　排水・通気設備

重要度 B

このSectionのポイント

- ◆ トラップ　… 排水管をＳ字等に曲げて封水する設備。悪臭や害虫が室内に入るのを防ぎます。
- ◆ 破封 ……… トラップ内の封水がなくなること。破封の原因を覚えましょう。
- ◆ 通気管 …… 排水管内に気圧の変動をできる限り生じさせないようにして、破封を防止する設備です。

1　排水設備

出題 R1

1　排水の分類

排水には、次の３種類があります。

- ❶ 汚水 ……… トイレからの排水
- ❷ 雑排水 …… 台所・浴室・洗面所・洗濯機等からの排水
- ❸ 雨水

2　排水系統

公共下水道は、建物外部における下水道管の設置方法により、次の２つに分類されます。

❶ 合流式	雨水・汚水・雑排水すべてを同一系統で排水する方式
❷ 分流式	・汚水・雑排水は同一系統 ・雨水は別系統　｝で排水する方式

238

3 排水トラップ

❶ 排水トラップの役割

❶ Sトラップ

排水トラップとは、排水管を曲げる等の方法で水を封じること（**封水**）によって、排水管内からの臭気や害虫の侵入を防止する設備をいいます。

排水トラップの封水の深さを**封水深**といい、通常**5cm**以上**10cm**以下が必要です。封水深が浅すぎると**破封**（トラップの封水がなくなる現象）しやすく、逆に深すぎると自浄作用がなくなります。

❷ 排水トラップの種類

種類	特徴
❶ Sトラップ	● 一般によく用いられる ● 自己サイホン現象を**起こしやすい**
❷ Uトラップ	● 横走管の途中に設けられることが多いが、汚水の流動を妨げる原因になりやすい
❸ Pトラップ	● もっとも多く使用される ● サイホン作用による「封水破壊」は**少ない** ● 通気管を接続すれば封水は安定する
❹ ドラムトラップ	● 台所の流しなどに使用される ● 封水の安定度は高い
❺ わんトラップ（ベルトラップ）	● 浴室等の**床排水**（排水管が床から接続される方式）や台所の流しなどに使用される ● わんを取り外すとトラップ機能を失うなど欠点もある ● 封水深の浅いものが多く、封水の安定度は低い

❷ Uトラップ

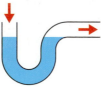

❸ Pトラップ　❹ ドラムトラップ

❺ わんトラップ

破封の主な原因は、次のとおりです。

❶ 自己サイホン現象	● 多量の水が一気に排水されると配管内の水が満水となり、トラップ内の封水が**排水と一緒に排出**されてしまう現象 ● Ｓトラップで起こりやすい	空気 吸引
❷ 吸い出し現象	満水の状態で排水立て管の上部から排水が流下すると、横枝管との連結部分付近において瞬間的に**負圧**（気圧が下がる）を生じ、トラップの封水が排水管側に**吸い出されてしまう**現象	空気　落下水 吸引　排水立て管
❸ はね出し現象	排水立て管がすでに満水の状態のところに、さらに上から排水が落下してくると、**ピストン作用**によって横枝管との連結部分付近において**正圧**（気圧が高まる）が生じ、トラップの封水が室内側に押し出される現象	はね出し　落下水 正圧　排水立て管
❹ 蒸発	水を長時間流さない場合に、封水が蒸発して失われる現象	
❺ 毛細管現象	トラップのあふれ部に糸くず等が引っかかった場合に、毛細管現象によって封水が次第に吸い出されてしまう現象	糸くず

❸ 二重トラップの禁止

　1系統の排水管に対し、**2つ以上**の排水トラップを**直列**に設置することを「**二重トラップ**」といいますが、そのような設置は、トラップ間の排水の流れが悪くなるため、**禁止**されています。

2 通気設備

❶ 通気設備

通気設備は、トラップ内の封水の破封を防ぐとともに、排水管内の気圧と外圧の気圧差をできるだけ生じさせないようにして、排水の流れをスムーズにするための管です。

建物の高さや排水系統の合流形態等により、次の2種類に大別されます。

❶ 伸頂通気方式	● 排水立て管の先端（頂部）を**延長**した**伸頂通気管**を、屋上または最上階の外壁等の部分で大気に開口させる方式 ●「単管式」ともいう
❷ 通気立て管方式	● 一番下の排水横枝管よりも低い位置で、排水立て管や排水横枝管に通気立て管を接続する方式 ● 排水立て管と**通気立て管**の2本を設置するので、「2管式」ともいう

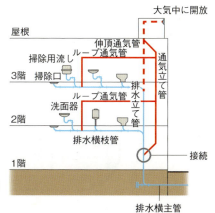

❷ 特殊な伸頂通気方式（特殊継手排水方式）

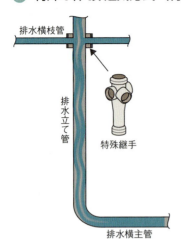

通気立て管方式に比べて、**伸頂通気方式**の方が通気立て管を設置する必要がなく、維持管理のうえでは<mark>有利</mark>です。しかし、マンション等では、伸頂通気方式だけでは、排水管内に十分な空気を送り込めません。そこで、特殊継手排水方式は、特殊な継手（管と管を繋ぐ部品）の使用によって、排水立て管内部の流れと排水横枝管内の流れを円滑に<mark>交差</mark>させ、立て管内の流速を<mark>減速</mark>させるための工夫をし、伸頂通気方式でも排水管内に空気の通り道を確保しています。

❸ 浄化槽

浄化槽とは、トイレ、台所、風呂場、洗面所など家庭から出る汚れた水を、それぞれの家庭できれいにする施設です。

■ 浄化槽のしくみ

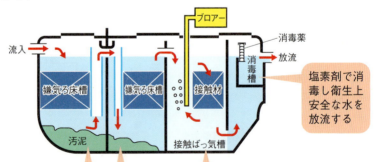

CHAPTER 4 建物・設備

Section 7 消防設備

重要度 A

このSectionのポイント

- ◆ 防火対象物 ……… 共同住宅は<u>非特定</u>防火対象物に該当します。
- ◆ 防火管理者 ……… 居住者<u>50人以上</u>の共同住宅では設置しなければなりません。
- ◆ 住宅用防災警報器 … 共同住宅の寝室等には設置義務がありますが、<u>自動火災警報器等</u>があれば<u>不要</u>です。

1 防火対象物

出題 H27

　防火対象物とは、不特定多数の人に利用される建物等のことで、消防法によって設備の設置や点検等が義務づけられています。

　防火対象物には、**特定**防火対象物と**非特定**防火対象物があり、**共同住宅**（分譲・賃貸を問わず）は<u>非特定防火対象物</u>に該当します。

2 防火管理者

出題 H29・30

　収容人員（居住者）が**50人**以上の共同住宅の所有者等（「管理権原者」といいます）は、**防火管理者**を設置する必要があります。

　そして、管理権原者は、防火管理者に消防計画を作成させ、それに基づき、消火・通報・避難訓練の実施や火気の使用・取扱いに関する監督等をさせなければなりません。

243

TRY! 過去問   H30-問32

Q 管理権原者は、防火管理者を選任し、防火管理業務を行わせなければならない。

A 共同住宅の収容人員が50人以上の場合、管理権原者は防火管理者を定め、防火管理を行わせる必要があります。　○

3　消防設備の点検

消防設備の点検には、次の2種類があります。

種　別	期　間
❶ 機器点検	**6ヵ月**ごとに1回
❷ 総合点検	**1年**ごとに1回

　また、非特定防火対象物（共同住宅）の所有者等は、❶❷の点検結果を、**3年**に1回、消防長・消防署長に報告する義務を負います。

4　消防用設備

出題
H27・28・29

　共同住宅における**消防用設備**（消火設備・警報設備・避難設備）は、建物に火災が発生したときに、**火災の感知・報知・連絡・通報・消火・避難・誘導が安全かつ迅速**にできることや、**消防隊の活動を支援**することを目的として設置されます。

❶ 消火器の種類

　消火器は、居住者が**初期消火**に用いる消防用設備であり、対応すべき火災の発生原因によって次の3種類に分かれますが、このすべてに対応できるものもあります。

❶ A火災	紙や布・木等の火災

244

| ❷ B火災 | 油火災 |
| ❸ C火災 | 電気火災 |

❷ 屋内消火栓設備

屋内消火栓は、消火器同様、**初期消火**に使用する消防用設備で、**1号消火栓**（消火栓からの有効範囲が半径25m以下）と**2号消火栓**（消火栓からの有効範囲が半径15m以下）に分けられます。

1号消火栓は消火作業の操作に熟練を要し、かつ、1人で操作するのは難しく、通常 **2人**以上の人員を要します。これを **1人**でも**操作**できるようにしたのが**2号消火栓**です。

> **ひとこと**
> 1号消火栓を1人でも操作できるようにした**易操作性**1号消火栓もあります。

■ 1号消火栓

ノズルを持って消火に向かう人と、
消火栓弁を開放する人の2人で操作する

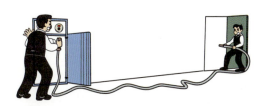

■ 2号消火栓

1人でノズルの開閉コックを操作して消火する

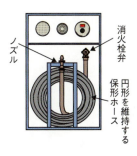

❸ スプリンクラー設備

　　スプリンクラー設備は、建物の室内天井面にあらかじめ散水装置を取り付けておき、火災の熱で**自動的**に**水**が噴出し、**消火**する装置です。

　　スプリンクラー設備には**湿式**（配管内に水が充填されている）と**乾式**（配管内に水が充填されていない）があります。

❹ 自動火災報知設備

　自動火災報知設備は、火災の発生を**熱**や**煙**で**感知**し、建物内の人達に**自動的**に**火災**を**報知**する設備をいいます。

　自動火災報知設備の感知器（火災を感知する部分）には、次のような種類があります。

種類	内容
❶ **熱**を感知するもの	● 周囲の**温度**の上昇を感知して作動する ● ①差動式スポット型感知器、②定温式スポット型感知器がある
❷ **煙**を感知するもの	● 感知器から発する光やイオン電流が**煙**により**乱反射・遮断**することで煙を感知して作動する ● ①光電式スポット型感知器、②光電式分離型感知器、③イオン式スポット型感知器がある
❸ **炎**を感知するもの	● 火災の際に発生する炎の**紫外線**や**赤外線**を感知して作動する ● ①紫外線式スポット型感知器、②赤外線式スポット型感知器がある

❺ 住宅用防災警報器・住宅用防災報知設備

　住宅用防災警報器・住宅用防災報知設備は、火災の発生を音声で知らせる設備で、その設置場所には、次のような**規制**があります。

> **ひとこと**
> **自動火災報知設備**とは、火災による煙・熱を感知器が早期に自動的に感知して、警報ベルなどで、**マンションやアパート内全域**にいる人達に火災を知らせる設備です。これに対し、**住宅用防災警報器・住宅用防災報知設備**は、**寝室**等にいる人に火災を知らせる設備です。

設置義務者	住宅の所有者・管理者・借主等の居住者等
設置が必要な場所	就寝の用に供する**居室**・階段・廊下・台所
設置の免除	スプリンクラー設備や自動火災報知設備等が一定の基準に従って設置された場合、住宅用防災警報器・住宅用防災報知設備の設置が**免除される**

■天井に設置する場合

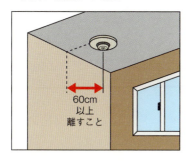

■壁に設置する場合

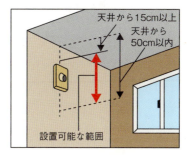

TRY! 過去問

H29-問31

Q 自動火災報知設備等が設置されていないすべての住宅には、住宅用火災警報器の設置が義務付けられている。

A 原則として、住宅には、住宅用火(防)災警報器の設置義務があります。ただし、スプリンクラー設備や自動火災報知設備等が設置された場合は不要です。 ◯

❻ 避難設備

共同住宅における避難設備には、**避難器具・誘導灯・誘導標識**があります。

■ 避難器具（避難はしご）　　■ 誘導灯・誘導標識

避難ハッチ

> **ひとこと**
> **誘導灯**の内部には、LEDなどの照明が入っています。**誘導標識**は、表示のみで照明が入っていませんが、近年では、蓄光式で電気が消えても長時間光るタイプもあります。

CHAPTER 4　建物・設備

Section 8　電気設備

このSectionのポイント

- ◆ 受電方式 …… 低圧引込み・高圧引込み・特別高圧引込みの3種類があります。
- ◆ 停電の原因 … 同時に多数の家電製品を使用すると、ブレーカーが落ちたり漏電により停電する恐れがあります。
- ◆ 単相3線式 … 最近の住宅では、200Vも使える「単相3線式」が主流です。

1 電気設備

1 受電方式・引込みの種別

　共同住宅において、電力会社の電気を共同引込線によって建物内に引き込むことを、**受電**といいます。

　電力会社からの建物への受電（電力供給）方式は、供給する電圧によって、次の3種類に分かれます。

引込みの種類	契約電力	供給電圧	借室変電設備等
❶ 低圧引込み	50kW未満	100V/200V	不要
❷ 高圧引込み	50kW以上 2,000kW未満	6,000V	必要
❸ 特別高圧引込み	2,000kW以上	20,000V以上	必要

249

2 借室変電設備

　小規模のアパート・マンションでは、各住戸の契約電力（各戸契約）と共用部分の契約電力の総量を**50kW未満**として、電気が電力会社から「**低圧引込み**」で供給されるのが一般的です。

　その一方で、大規模なマンション等では、いったん**高圧**で引き込み、建物内に設けた**借室電気室**（電力会社が使用する電気室）等を経由して、引き込んだ電気を**低圧に変圧**して各住戸に電力を供給します。

3 住戸内の電気設備

　各住戸には、低圧で電気が供給されます。低圧での供給方式には、**単相3線式**（100V/200V）と**単相2線式**（100V）の2種類があります。

　最近のエアコンやIHクッキングヒーター等は200Vを利用するため、単相3線式を利用するのが一般的です。

❶ 単相3線式	3本の電線のうち真ん中の中性線と上または下の電圧線を利用すれば100V、中性線以外の上と下の電圧線を利用すれば**200V**が利用可能になる方式
❷ 単相2線式	電圧線と中性線の2本の線を利用する方式で、使用できるのは**100Vのみ**となる

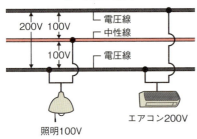

❶ 単相3線式

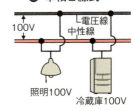

❷ 単相2線式

> **TRY!** 過去問　　　　　　　　　　　　　　　　　　　H30-問31
>
> **Q** 各住戸に供給される電力の供給方式のうち単相2線式では、3本の電線のうち、中性線以外の上と下の電圧線を利用すれば200ボルトが利用できる。
>
> **A** 200Vが利用できるのは「単相2線式」ではなく「単相3線式」です。　✗

4 住戸内の停電対策

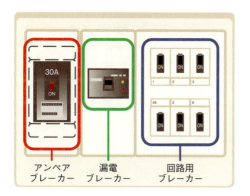

電力使用の超過等によって住戸内のブレーカーが落ちて、住戸内の停電が発生することがあります。住戸内には電力会社と契約した契約アンペアを示す**アンペアブレーカー**の他に、**漏電遮断器・漏電ブレーカー（ELB）** が設置されているのですが、入居者が一時的に多数の家電製品を使用すること等により、ブレーカーにその容量を上回る電力が流れた場合に、ブレーカーが落ちて電気が遮断されるのが、**停電**が起きる主な原因です。

それ以外にも、**漏電**が原因の場合もあるので、注意が必要です。

また、**感震**ブレーカーといって、**地震発生時**に設定値以上の揺れを検知したときに、ブレーカーやコンセントなどの電気を自動的に止める器具もあります。

> **TRY!** 過去問　　　　　　　　　　　　　　　　　　　R2-問41
>
> **Q** ＥＬＢ（アース・リーク・ブレーカー）は、地震発生時に設定値以上の揺れを検知したときに、ブレーカーやコンセントなどの電気を自動的に止める器具である。
>
> **A** 感震ブレーカーの説明である。　✗

Section 9 エレベーター・換気設備・ガス給湯設備・機械式駐車場

CHAPTER 4 建物・設備

重要度 A

このSectionのポイント

- ◆ **エレベーターの保守契約** … POG契約とフルメンテナンス契約の違いを覚えましょう。フルメンテナンス契約はPOG契約より割高です。
- ◆ **機械換気設備** …………… シックハウス対策として機械換気設備の設置が義務づけられています。
- ◆ **ガス設備** ………………… 都市ガスとLPガスの違いを覚えましょう。
- ◆ **機械式駐車場** …………… 消防設備の設置が義務づけられています。

1 昇降機（エレベーター）設備

出題 H28

1 エレベーターの種類

エレベーターでよく利用される駆動方式は、次の2種類です。

❶ ロープ式エレベーター	● 最上階に機械室を設け、その内部に設けた巻上機を介してつり合いおもりとロープとのバランスを取り、かごを上下させる駆動方式 ● 巻上機の小型化により、機械室が不要となったマシンルームレス（機械室なし）タイプが、近年の主流である
❷ 油圧式エレベーター	エレベーターシャフト（昇降路）の下部に機械室を設けて、パワーユニットで油圧ジャッキに油を注入してかごを昇降させる駆動方式

252

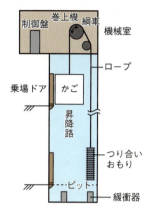
❶ ロープ式エレベーター

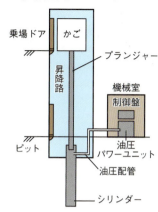
❷ 油圧式エレベーター

2　エレベーターの保守契約

　エレベーターの<u>保守契約</u>は、おおむね月1回もしくは2回の保守点検の実施を義務づけられており、次の2方式があります。

	内容
❶ POG（Parts Oil Grease）契約	● 消耗部品付き契約のこと ● 定期点検や契約範囲内の<u>消耗品</u>の<u>交換</u>は<u>含まれる</u>が、それ以外の部品の取替や修理は<u>別料金</u>になる
❷ フルメンテナンス契約	● 消耗品に加えて、それ以外の高額部品の取替えや機器の修理を現況に応じて行うことを含む内容となる ● 月々の契約は<u>割高</u>

ひとこと
フルメンテナンス契約でも、乗降扉や三方枠の塗装、かご内の床・壁・天井の修理、新たな機能による改造や新規取替えは、契約内容に含まれません。

> **TRY! 過去問**　　　　　　　　　　　　　　　　H28-問32
>
> **Q** エレベーターの保守契約におけるフルメンテナンス契約は、部品の取替えや機器の修理を状況に合わせて行う内容で、月々の契約は割高となる。
>
> **A** フルメンテナンス契約は、POG契約よりも割高となります。　○

3 法定点検

　建物の**所有者**は、建築基準法12条に基づき、おおむね**6ヵ月〜1年**に1回、有資格者に昇降機の検査をさせ、昇降機定期点検報告書を特定行政庁に提出しなければなりません。

> **ひとこと**
> 昇降機の定期点検は、①一級建築士、②二級建築士、③昇降機等検査員の**いずれかの者**に行わせなければなりません。

2 換気設備

出題 H27・28・29・30

1 換気方式

　換気方式は、自然換気方式と機械換気方式の2つに大別されます。

❶ 自然換気	・室内と室外の温度差によって起こる対流や風圧等、**自然の条件を利用**した換気方式 ・換気扇が不要なので、換気扇の騒音もなく、**経済的**だが、自然条件に左右され、**安定した換気量や換気圧力**は**期待できない** ・費用がかからない
❷ 機械換気	・換気扇や送風機等の**機械**を利用して、**強制的に換気**する方式 ・自然換気に比べ、必要なときに**安定した換気**ができるが、**電気料金**がかかる

254

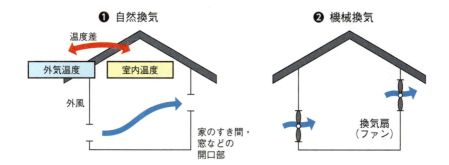

2 機械換気設備

シックハウス対策として、2003年7月より、原則、新築住宅の居室には、機械換気設備の設置が義務化されました。

機械換気設備は、用いる機械の組合せにより、次の3種類に分類されます。

❶ 第1種換気	● 給気・排気ともに機械を用いる方式 ● 熱交換型換気設備（セントラル換気方式）を設置する居室・機械室・電気室等に採用される
❷ 第2種換気	● 給気のみ機械を用いる方式 ● 室内へ清浄な空気を供給する必要性の高い、製造工場等の限られた建物で採用される ● 室内が正圧になるため、室内の空気が汚染されている場合、汚染空気が気圧の低い他の部屋へ流出する可能性がある
❸ 第3種換気	● 排気のみ機械を用いる方式 ● 台所・浴室・便所・洗面所等のように、燃焼ガス・水蒸気・臭気等が発生する部屋に採用される ● 室内が負圧になるため、他の部屋へ汚染空気が流れ込まない

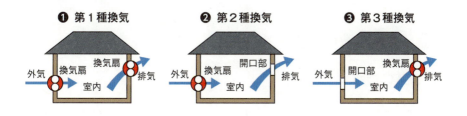

ひとこと
正圧とは、周囲よりも空気の密度（気圧）が高いことをいい、負圧とは、周囲よりもそれが低いことをいいます。空気は、密度の高い所から低い所へと移動していきます。

TRY! 過去問　　　　　　　　　　　　　　　　　　　　H28-問39

Q 第3種機械換気は、室内が負圧になるため、他の部屋へ汚染空気が入らない方式である。

A 第3種換気では、排気機で空気を排気するため、室内は負圧になります。　〇

3 第3種換気による給気の重要性

　住宅では台所、浴室、便所等で第3種換気が用いられます。第3種換気では、給気の確保が不十分だと、換気扇の能力をいくら高くしても必要換気量が確保できません。また、換気を止めると、トイレの臭いや排水口からの臭いが生じます。したがって、第3種換気方式での排気設備は、適切な給気を保ちながら稼働させなければなりません。

ひとこと
給気が十分でないまま機械による排気を行うと、室内が負圧になり、ドアや窓の開閉が困難になったり、風切り音が発生する等の障害が発生することもあります。

3 ガス・給湯設備
出題 H29・30・R2

1 ガスの種類

　ガスの種類には、大きく分けて**都市ガス**と**LPガス**（プロパンガス）があります。

❶ 都市ガス	●地域等により熱量や原料が異なる ●**空気よりも軽い**ことから（一部を除く）、漏れると上昇して、天井に滞留する
❷ LPガス	●「石油液化ガス」という意味で、「プロパンガス」ともいう ●**空気よりも重い**ことから、漏れると低い所に溜まる

2 ガスマイコンメーター

ガスマイコンメーターは、ガスの計量器という役割だけでなく、次のような緊急の場合に、**ガスの供給を止める**という機能があります。

- 使用時間が異常に長い場合
- 震度5弱以上の地震が発生した場合
- ガスの供給圧力が低下した場合
- ガスが不自然に大量に流れた場合

TRY! 過去問　　　　　　　　　　　　　　　　　　　　H30-問30

Q ガスメーター（マイコンメーター）には、ガスの使用量を計量する機能や、ガスの異常放出や地震等の異常を感知して、自動的にガスの供給を遮断する機能が備えられている。

A ガスメーターは計量機能だけでなく、遮断機能も有しています。　〇

3　ガス管

近年のガス管は、次のタイプが多く使われています。

❶ 屋外埋設管	ポリエチレン管・ポリエチレン被覆鋼管
❷ 屋内配管	塩化ビニル被覆鋼管

4　給湯設備

❶「号数」

ガス給湯器の出湯能力は**号数**で表されます。号数は、「**水温＋25℃**のお湯を**1分間に何リットル出湯**できるか」についての数値になります。

> **ひとこと**
> 例えば「24号」なら、「水温＋25℃」のお湯を、1分間に24リットル給湯できます。

❷　給湯方式の分類

給湯方式には、以下の方式があります。

飲用給湯方式	● ガスや電気を熱源とする貯湯式給湯機を必要箇所に**個別に設置する**方式 ● 給湯器に直接湯栓を付けた貯湯式給湯機を使用する
局所給湯方式	● 給湯系統ごとに加熱装置を設けて給湯する方式 ● 近接した給湯器具に返湯管を**設けない**一管式配管で給湯するマンション等の壁掛け式ガス給湯器等が代表例
中央（セントラル）給湯方式	● 建物の屋上や地価の機械室にボイラー等と貯湯タンクを設け、建物各所へ配管で供給する方式 ● 給湯配管が長くなるので、湯温を維持するために返湯管を**設けて湯を循環させる**二管式配管で給湯する

■ 局所式給湯方式（一管式配管）　　■ 中央給湯方式（二管式配管）

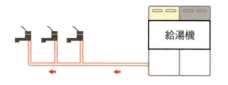 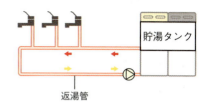

❸ 電気給湯器

電気給湯器は、電気で水を温めてお湯を沸かす機器で、火を使用しないため**換気設備が不要**で、**不完全燃焼**の事故の心配がありません。電気温水器には以下のものがあります。

ヒートポンプ給湯器（エコキュート）	ヒートポンプの原理を利用し、**大気**から集めた熱を利用して湯を沸かす機器
家庭用燃料電池	**電気**と同時に発生する熱を回収し、給湯に利用するシステム　水素と酸素を化学反応させて発電する発電効率の高いクリーンな機器

ひとこと
ヒートポンプの原理とは、熱を移動させることで暖房、冷房を行うことです。屋外にある熱を集めて屋内へ運ぶことで暖房になります。

4 機械式駐車場設備

出題 H28

❶ メンテナンス等の必要性

立体駐車設備には、タワー式・ピット式・横行昇降式などのさまざまなタイプがあります。部品交換の期間も、3〜5年や8年程度などその周期に幅があるため、エレベーターと同様、**メンテナンス費用**の**予算化**が必要です。

❷ 故障の防止

　駐車場に出入りする際は、入居者である駐車場契約者自身が駐車場機械を操作しますので、操作を誤ると車両を破損したり、負傷事故を起こす危険があります。そのため、機械操作等の利用方法を**周知徹底**させ、**事故を未然に防ぐ**ようにしなければなりません。

❸ 消火設備等の設置義務

　駐車場の構造・規模に応じて、**不活性ガス消火設備・泡消火設備・ハロゲン化物消火設備等**の設置が義務づけられています。

ひとこと
建物の所有者や管理会社は、設備の種類に従った使用方法等に日ごろから習熟しておくことが重要です。

賃貸不動産経営への支援業務

CHAPTER 5 賃貸不動産経営への支援業務

Section 1 賃貸用不動産の企画提案

重要度 A

このSectionのポイント

- ◆ **不動産活用に関する企画** … 物件の立地や用途、所有資産等に合わせた、オーナーに対する適切なアドバイスが必要です。
- ◆ **賃貸住宅の企画** ………… 他の賃貸住宅と**差別化**でき、**競争力**を高められる付加価値や設備が重要です。

1 賃貸不動産活用に関する企画・提案

出題 H29

　物件のオーナー（貸主）に対する賃貸不動産の活用を支援する企画業務や提案業務は、賃貸物件の価値を維持・増大させるために管理業者が行うべき、重要な管理業務の1つです。

　賃貸不動産経営管理士は、企画・提案業務のために、不動産に関する基礎知識を身につける必要があります。

1 賃貸不動産経営のリスクとリターン

　賃貸不動産経営には、一般的に、自己所有地にアパート等を建設して賃貸する方法や、マンション等を購入して賃貸する方法等があります。そして、賃貸不動産経営には、リスクが高いほどリターン（収益）は大きく、リスクが小さいほどリターンも小さいという傾向があります。

ひとこと
収益を多く望むほど、それに伴って資金リスクや収益リスクは高まります。

❶ 立地によるリスクとリターン

❶ 都心での立地

- ローリスク・ハイリターン
- 土地の利用価値が高い（土地が稼ぐ）ため、建物の企画では「いかに付加価値（ペット可等）を高められるか」が重要

❷ 郊外や駅から遠い立地

- 継続的な入居者の確保が困難である割には、賃料を高く設定できないため、ハイリスク・ローリターン
- 土地の利用価値が低く、建物の付加価値で稼ぐことになるため、建物の企画が重要

❷ 建物の用途によるリスクとリターン

❶ オフィスビルや店舗ビル

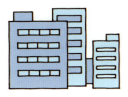

需給のバランスが崩れると、単なる倉庫等のレベルにまで賃料水準を下げざるを得ないケースも多く、ハイリスク・ハイリターン

❷ 賃貸住宅

- 賃料が近隣相場に見合っていれば、そこから1〜2割程度賃料を下げることで入居者が見つかるのが一般的であるため、ローリスク・ローリターン
- ただし、今後は人口減少により、入居者を見つけることが困難な地域も増加する見込みが高い

2 事業期間と提案内容

　自己所有の土地上にアパートやマンションを建設する場合、土地所有者が投資した資金を回収する事業期間によって、次のように提案内容が異なります。

事業期間		提案内容
10～20年	短　期	● コスト優先 ● アパートやローコストマンションの建設を提案
20～30年	中　期	● コストより近隣物件との差別化を優先 ● 付加価値のあるマンションの建設を提案
30～50年	長　期	● コストより近隣物件との差別化を優先 ● ライフサイクルコストを抑える仕様のマンションの建設を提案
50～100年	超長期	● コストより近隣物件との差別化を優先 ● ライフサイクルコストを抑えるだけでなく、スケルトン・インフィルまで視野に入れたマンションの建設提案

ひとこと

ライフサイクルコストとは、建物がつくられてからその役割を終えるまでにかかる費用をトータルでとらえたもので、企画・設計➡建設➡その運用を経て修繕を行い、最後に解体されるまでに必要となるすべての費用を合計したものをいいます。

3 自己資金の有無・他の不動産資産の有無

　アパートやマンションを建設する土地（**対象土地**）以外に、オーナーが持っている自己資金や他の所有不動産によって、投下した資金を回収するために管理業者が行う提案の内容は、次のように異なります。

自己資金・他の所有不動産	提案内容
自己資金が**ない**、かつ、不動産資産は対象**土地**のみ	**コスト優先**で総事業費を抑える**短期**回収の企画
自己資金は**ない**が、対象土地以外にも不動産資産が**多い**	**コスト優先**で総事業費を抑えるが、**中期**回収の企画
自己資金は**ある**が、不動産資産は対象**土地**のみ	コストより**近隣物件との差別化**を図る、**長期**回収の企画
自己資金が**ある**、かつ、対象土地以外にも不動産資産が**多い**	コストより**近隣物件との差別化**を図る、長期回収・**超長期**も視野に入れた企画

2 賃貸住宅の企画・コンセプトの検討

出題 H27・29・30

① 賃貸住宅の入居者像

賃貸住宅の入居者像は、次のように分類することができます。

入居者像	特徴	考え方
仕方なく賃貸派	持家を購入する**資力・意欲がない**	賃料が安ければ**安いほどよい**
とりあえず賃貸派	将来は持家を購入したいので、**現在は倹約している**	必要最小限の居住性能を求めるが、賃料は**安いほどよい**
あえて賃貸派	持家と賃貸とを比較したが、**現時点では賃貸住宅で生活内容**のほうを重視したい	居住空間に**付加価値**の付いた高いグレードがよい
当然賃貸派	持家に**こだわらない**	●単身赴任者・転勤族や学生などで賃貸住宅で十分 ●**仮の住まいの意識**で、設備等の機能が充実していればOK ●ただし、必要最低ラインの水準は高い
積極的賃貸派	住宅は**賃貸で十分**	●**良質な賃貸住宅**に住み、現在の生活をエンジョイして、自由気ままに暮らすという賃貸住宅の持つメリットを最大限実現したい ●分譲マンション内での賃貸物件を好む

❷ 賃貸住宅のメリット

賃貸住宅が持つメリットは、次のように考えられます。

地域選択の自由	好きな地域に住める
環境選択の自由	家族構成の変化に対応できる
広さの選択の自由	住宅の大きさ（広さ）を選択できる
近隣住民の選択の自由	トラブルを回避したければ引っ越せばよい
嗜好に沿った住宅の選択可能	自分の趣味嗜好にあった住宅を選択できる (例 ペット共生タイプ・大型バイクガレージ付き等)

❸ 付加価値のある賃貸住宅

賃貸住宅の企画をするにあたっては、建物の付加価値を高め、他の物件との差別化を図らなければなりません。

付加価値が高いとされる賃貸住宅には、主に、次のようなものがあります。

種　類	付加価値を高める内容等
❶ 学生専用 マンション	学生が支払える賃料には限度があるので、居住空間の質より支払賃料の額が重視される
❷ ペット可の 賃貸住宅	● 室内での飼育を中心に、共用部分で他の住民との接触が最小限に抑えられる程度なら許可を与えるとする ● 動物嫌いや動物アレルギーの居住者とのトラブルを避けることが基本ルール
❸ 音楽専用マンション（音大生用）	供給する地域での需給バランスが合えば、希少性の高さから、一般の学生専用マンションよりも賃料を高く設定できる可能性が高い
❹ サービス付き 高齢者向け住宅 （「サ高住」）	賃貸住宅または有料老人ホームにおいて、状況把握・生活相談サービス等を提供するもの

❺ シェアハウス	● 複数の者がキッチン・浴室等の施設を共用し、それ以外の居住部分を専用使用とするもの ● 複数の者が借主となり、契約期間等も異なり得ることなどから、**契約関係が複雑**となりがち ● 管理業者にとっては、廊下・階段・エントランス等に加え、室内の共用スペースも共用部分として管理対象となるため、通常の賃貸物件より**管理業務に要する時間が長くなる**
❻ ＤＩＹ型賃貸住宅	工事費用の負担者が誰かにかかわらず、**借主**の意向を反映した**住宅の修繕**ができる賃貸借契約やその物件のこと

ひとこと

「ペット可」の賃貸住宅では、動物専用汚物流し（排泄物を処理する設備）や足洗い場を設置することがありますが、これらを設置しても、必ずしも他の居住者からの苦情がなくなるわけではありませんので注意が必要です。

TRY！ 過去問 H27-問40

Q シェアハウスの場合、管理業者が複数の借主の間に立って主導的な役割を果たす必要に迫られる場合があるので、通常の賃貸住宅より管理業務に要する時間が多くなる。

A 本問のとおり、シェアハウスでは、複数の借主が共用のキッチン等を使うため、通常の賃貸住宅より管理業務に要する時間が多くなります。　〇

❹ 賃貸住宅の付加設備

賃貸住宅の価値を高める主な付加設備には、次のようなものがあります。

❶ 床暖房　❷ オール電化設備　❸ インターネット設備
❹ インターホン設備　❺ **宅配ロッカー**　❻ 可変式間仕切り
❼ ガーデニング（建物周辺等の植栽・観葉植物の設置）　❽ 浴室乾燥機
❾ セキュリティシステム　❿ 多機能収納　⓫ 駐輪システム

CHAPTER 5　賃貸不動産経営への支援業務

Section 2 事業計画の策定等

重要度 C

このSectionのポイント

◆ 元利均等返済 …… 事業資金のローンで多く採用されます。元「金」均等返済との違いに要注意

◆ レンタブル比 …… この比率が高いほど、貸室の面積が広くなります。

◆ 建物の減価償却 … 耐用年数に応じて、分割して必要経費に計上します。

1 事業計画の策定

 出題 H28

　管理業者がオーナーに対して行う賃貸住宅の企画立案にあたって、**事業の収支計画**（賃料による「収入」に対する建築費等の「支出」のバランスをとるための事業計画）を策定することは、「事業として賃貸住宅経営が成り立つか（採算が合うか）」「その後の経営はどうなるのか」という事業予測をしていく上で、欠かせない業務です。

　事業計画は、次の手順で作成します。

❶ 総事業費の算出と資金調達の方法を想定する

❷ 事業を実行した場合の収入と支出を検討する

❸ 事業計画の年数で考えた場合の収支計画を立てる

❹ 収支に関して、オーナーが評価を行う

2 資金調達と借入金

出題 H28

事業計画を作成するためには、資金調達が欠かせません。事業に必要な総額に対して、自己資金や竣工時の入居者の礼金・敷金・保証金等の合計では不足する額については、金融機関からの借入金でまかなうことになります。

借入金の返済期間は、おおむね**20〜35年が一般的**であり、その返済方法には、次の2種類があります。

❶ 元利均等返済	毎月の**返済額**が**同じ額**になる返済方法
❷ 元金均等返済	● 毎月の返済額のうち**元金部分**が同じ額になる返済方法 ● 毎月の返済額はだんだん減っていく

■ 元利均等返済と元金均等返済の比較例

例 借入額2,000万円、固定金利年1.5%、借入期間30年

月々の「元金＋利息の支払金額」が均等

返済方法	返済回	毎月返済額	元金部分	利息部分
元利均等返済	1年目	69,024円	44,634円	24,390円
	5年目	69,024円	47,392円	21,632円
元金均等返済	1年目	79,791円	55,555円	24,236円
	5年目	76,457円	55,555円	20,902円

月々の元金の支払金額が均等

不動産賃貸事業資金の融資には、毎月の返済額が変わらないため、返済計画を立てやすい「**元利均等返済**」が多く採用されています。この方法の場合、当初は金利支払の部分が元金均等返済の場合より多くなるため、そのぶん、経費に計上できる金利分が多くなります。

したがって、納税額が少なくなり、剰余資金が多く出るので、その剰余資金を他の投資等に回すことができます。

TRY! 過去問　　　　　　　　　　　　　　　　　　　　　　　H28-問33

Q 借入金の返済方法には、元利均等返済と元金均等返済の2つの方法があるが、不動産賃貸事業資金の融資には、元利均等返済が多く採用されている。

- -

A 不動産賃貸事業資金の融資では、毎回の返済額が変わらないため返済計画を立てやすい「元利」均等返済が多く採用されています。　　　　　　　　　**○**

---

3 収入項目・支出項目

出題 H28

賃貸不動産経営の主な**収入**および**支出**には、次のものがあります。

❶ 賃料収入

⑴ レンタブル比

延べ面積に対し、賃料収入を得ることができる専用部分の床面積（**貸室部分の床面積**）の割合を、「**レンタブル比**」といいます。

「レンタブル比」の**値が大きい**ほど収益性（投資効率）は**高く**なりますが、建物の**グレードが高い**ものほど、あるいは**規模が小さく**なるほど、レンタブル比は**低く**なる傾向にあります。

TRY! 過去問　　　　　　　　　　　　　　　　　　　　　　　H28-問33

Q 建物の延べ床面積に対する専有部分面積割合をレンタブル比といい、レンタブル比の値は、建物のグレードが高いものほど、あるいは規模が小さくなるほど、低くなる傾向にある。

- -

A レンタブル比は、建物のグレードが高いものほど、そして規模が小さくなるほど、低くなります。　　　　　　　　　　　　　　　　　　　　　　　　　　**○**

270

⑵ **共益費**

　共益費は、借主から、賃料と同時に支払われるため、収益と同視されがちです。しかし、それは建物の共用部分にかかる費用・水道光熱費等の支出のための費用ですから、必要経費としての支出とも考えられるわけです。

　そこで、**共益費**を収入に含めるか否かによって、次のような算定方法があります。

> ❶ 「共益費としての収入＝共用部分の費用等の支出」とし、「収入」ではなく「**支出**」として計上する方法
> ❷ 共益費を「**収入**」として**計上**し、建物の維持管理費を**別途**「支出」として計上する方法

❷ その他の収入

　賃料以外の収入の種類は、次のとおりです。

> ❶ 更新料収入　　❷ 駐車場等収入
> ❸ 剰余金運用利子収入（敷金等の運用益）

❸ 支出項目

　不動産賃貸の主な支出には、次のものがあります。

> ❶ 建設年度経費（登録免許税や抵当権設定費用）　　❷ 地代（借地の場合）
> ❸ 賃貸物件の維持管理費　　❹ 損害保険料　　❺ 土地建物の公租公課
> ❻ 前年度事業税　　❼ 借入金の利息　　❽ 消費税　　❾ 減価償却費

4 減価償却費の考え方と計算

❶ 減価償却費の考え方

減価償却費とは、物件の建設費・購入代金や高額な機械設備等の購入代金を、経費として、すべて一度に購入した年に計上するのではなく、**耐用年数**に応じた期間で**分割**して、1年分ずつ計上することをいいます。

減価償却すべき資産	減価償却の対象外の資産
● 建物 ● 建物附属設備（電気・ガス・給水・排水設備等） ● 構築物（塀・門扉等） ● 器具・備品等（家具やパソコン）	● 土地 ●「減価償却すべき資産」のうち事業の用に供していない部分（自己居住用・自己利用部分）

❷ 耐用年数

減価償却費は、資産の種類・建築構造・用途に応じた**法定耐用年数**に従って、計算します。

ひとこと
事業者は、償却（分割）期間を、自由に決めることはできません。

■ 建物（住宅）の法定耐用年数

		耐用年数	定額法（1年当たりの償却率）
鉄筋コンクリート造		47年	0.022
重量鉄骨造		34年	0.030
軽量鉄骨造		19年	0.053
木造	サイディング張り	22年	0.046
	モルタル塗り	20年	0.050

❸ 減価償却の方法

不動産賃貸業における減価償却の方法には、主に**定額法**と**定率法**があります。

❶ 定額法	毎年の減価償却費が同額となるように計算する方法 ●**個人**の場合には、原則、**定額法**により計算する ●建物と平成28年4月1日以降取得の**建物附属設備・構築物**については、**定額法**で計算する
❷ 定率法	**初期に**減価償却費を多く計上し、年が経つに従って減価償却費が**一定の割合で減少する**ように計算する方法 ⚠️器具・備品については**定率法**も選択可

❹ 創立費・開業費の償却

創立費とは、**法人を法律的に設立**するために支出した費用のこと、そして、**開業費**とは、**開業準備**のために支出した費用をいいます。

これら創立費・開業費についても「費用」とすることができますが、5年で、均等償却または任意償却（法人にとって都合のよいタイミング（任意）で償却できる）の対象となります。

CHAPTER 5　賃貸不動産経営への支援業務

Section 3　賃貸不動産経営と保険

重要度 A

このSectionのポイント

- ◆ **損害保険** … 建物の火災保険や地震保険など、賃貸不動産経営に最も関係が深い保険です。
- ◆ **地震保険** … 損害保険の一種ですが、地震保険単体では加入できず、火災保険に附帯して加入する必要があります。

1　賃貸不動産経営における保険の必要性

出題 H25・28・R1

　賃貸不動産経営では、さまざまな災害や事故が発生することが予測されます。例えば、火災や地震等の自然災害によって建物に大きな損害が発生したり、建物や設備の不備で入居者や通行人や近隣住民にケガをさせてしまう可能性もあります。
　そのような場合に備え、貸主は、必要な保険に加入しておかなければなりません。

2　保険商品の分類

出題 H27・28・29・30・R2

保険商品には、保険業法による、次のような分類方法があります。

保険の分野	保険の内容	例
第1分野（生命保険）	人の**生存**および**死亡**について、一定の約定の下で保険金を支払う	終身保険・定期保険・養老保険

274

第2分野 （損害保険）	**偶然の事故**により生じた損害に対して保険金を支払う	火災保険・地震保険・賠償責任保険・自動車保険
第3分野 （第1分野と第2分野の中間の位置づけ）	人の**ケガ**や**病気**などに備える	傷害保険・医療保険・がん保険

ヒント
保険の補償範囲等は、保険会社の商品によって異なりますので、関係者にアドバイスができるよう理解を深めて準備することも、賃貸経営管理に対する支援業務の1つです。

3 賃貸不動産経営と保険

出題 H27・28・29・30・R2

賃貸不動産の経営においては、**第2分野**の「**損害保険**」である火災保険や地震保険、第三者に損害賠償をするための賠償責任保険等が有用です。

1 貸主が加入する保険

❶ 火災保険

- いわゆる「**すまいの保険**」といわれる
- 火災、落雷、破裂・爆発、風災、雹災、雪災によって**建物**や家財に損害が生じた場合に補償するもの

ひとこと
「すまいの保険」とは、以前は「住宅火災保険・住宅総合保険」といわれた保険のことです。現在は、これらの保険の新規加入の取扱いはなくなっています。

❷ 地震保険

- 地震・噴火およびこれらによる津波を原因とする建物や家財の損害を補償するもの
- 住宅の火災保険に附帯して加入する必要があり、**単独での加入は不可**

ひとこと

地震保険の保険金額は、主契約である火災保険の保険金額の **30～50%** 以内の範囲で、建物5,000万円・家財1,000万円が上限とされています。

❸ 施設賠償責任保険

アパート等の施設の**管理不備・構造上の欠陥**が原因で、**第三者**に対してケガを負わせたり、第三者の物を壊した場合に、**貸主**の負う賠償責任を補償するもの

TRY! 過去問　　　　　　　　　　　　　　　　　　H30-問34

Q 賃貸不動産の建物所有者が火災保険に加入する場合、主契約である火災保険の保険金額の8割以内の範囲で地震保険にも加入しておくことが一般的である。

A 「3割（30%）〜5割（50%）以内」の範囲での加入が一般的です。　✕

2 借主が加入する保険

❶ 借家人賠償責任保険・個人賠償責任保険

借主が、火災・爆発・水漏れ等の事故によって発生させた損害を補償するもの
- ❶ 貸主に対する賠償責任
  ➡借家人賠償責任保険への加入が有用
- ❷ 第三者（被害者）に対する賠償責任
  ➡個人賠償責任保険への加入が有用

❷ 家財の火災保険

借主が所有する家電・家具等について、火災によって起きた借主の損害を補償する保険

ひとこと

借主は「借家人賠償責任保険・個人賠償責任保険・家財の火災保険」にセットで加入するのが一般的です。

CHAPTER 5　賃貸不動産経営への支援業務

Section 4　賃貸不動産管理と税金

重要度 **A**

このSectionのポイント

- ◆ 不動産取得税 ………… 都道府県から送られてくる納税通知書を使用して納付します。
- ◆ 固定資産税 …………… 建物等の固定資産の毎年1月1日時点での所有者に課せられる税金です。
- ◆ 相続時精算課税制度 … 2,500万円までの贈与には「相続分の前渡し」と考え贈与税をかけず、その相続時に相続税を課す制度です。

1　不動産取得税

　不動産取得税とは、文字どおり、土地や建物等の不動産を取得した時に、その不動産の所有権を「取得」した者に対して、不動産が所在する都道府県が課す税金です。
　なお、取得の原因が売買・交換・贈与・建築等いずれであっても課税されますが、相続による取得については、課税されません。

ひとこと

相続の場合は、必ずしも望んで不動産を取得したとは限らないため、非課税となります。

　建物・土地についての不動産取得税は、本来は4％の税率で課税されますが、次のような、**軽減税率**の特例と**課税標準**（税額算定のベース）の特例があります。

❶ 建物の軽減特例

住　　宅	軽減税率…**3%** （住宅以外の店舗・事務所等は**4%**）
新築住宅	課税標準…1戸につき**1,200万円**が**控除**される

❷ 土地の軽減特例

土　　地 （宅地に限定 されない）	軽減税率…**3%**
宅　　地	課税標準…$\frac{1}{2}$

> **ひとこと**
> 不動産取得税は、不動産の所有権取得から1年以内に**納税通知書**が送付され、その通知書に記載された金額を納税しますので、確定申告は不要です。

2　固定資産税・都市計画税

1　固定資産税

　固定資産税は、毎年1月1日時点の土地・建物等の所有者に対し、その不動産が所在する**市区町村**によって課税される税金です。納税は、市区町村から送られている**納税通知書**で、一括払または年4回の分納によって行います。

　土地・建物に課される固定資産税には、次のような軽減特例があります。

❶ 建物の軽減特例

対　象	特例の内容
新築住宅	最大5年間は固定資産税が$\frac{1}{2}$ ⚠ 減免対象面積の上限は**120㎡** （超過部分は対象外）

❷ 土地の軽減特例

対　象	特例の内容
小規模住宅用地	課税標準×$\frac{1}{6}$ ⚠ 減免対象面積の上限は**200㎡** （超過部分は課税標準×$\frac{1}{3}$）

ひとこと

特定空き家等（そのまま放置すると倒壊等の危険があると認められる空き家）に関しては、賦課期日（1月1日）までに**必要な措置が講じられない場合**、小規模住宅用地の特例の**適用対象外**となります。

TRY! 過去問　　　　　　　　　　　　　　　　　　H28-問35

Q 固定資産税及び都市計画税は、住宅用地について課税標準の軽減措置が講じられている。

A 固定資産税では、住宅用地について200㎡以下の部分は課税標準（税金の算定基準）を$\frac{1}{6}$とする軽減措置があります。　〇

2 都市計画税

　都市計画税は、固定資産税と同様、毎年1月1日時点の市街化区域内にある土地・建物などの所有者に対して、市区町村が課税する税金です。**固定資産税と一括**して**納付**します。

3 印紙税

出題 H30・R2

不動産の取引においては、売買契約書や建物の建築請負契約書・ローン借入のための金銭消費貸借契約書等の**文書**に、印紙税が課されます。印紙税の納付は、所定の**印紙**（**収入印紙**）を**契約書等に貼り**、それを**消印**することによって行います。

印紙による納税には、次のような特徴があります。

■ 印紙税のポイント

❶ 同じ契約書等を複数作るときは、**1通ごと**に印紙を貼らなければならない
❷ 印紙税は、業務上の契約書等や領収書に貼付した場合には、個人については**所得計算**上**必要経費**となり、法人については、同様に法人税計算上の経費（**損金**）となる
❸ **建物**の賃貸借契約書には、印紙税が**課されない**
❹ 次の**受取書**（領収書）等は、**非課税**となる
　・記載された受取金額が5万円未満のもの
　・営業に関しないもの

4 消費税

出題 H28・R2

消費税とは、商品・製品の販売やサービスの提供などの取引に対して課される税金をいいます。

不動産賃貸経営に関する消費税の課税・非課税の区分は、次のとおりです。

	課　税	非課税
売上 （収入）	・事務所・店舗等の賃料 ・住宅用建物の貸付けによる賃料（貸付期間1ヵ月未満） ・礼金、返還しないことが契約当初から確定している保証金・敷金 ・駐車場収入	・住宅用建物の貸付けによる賃料（貸付期間1ヵ月以上） ・地代

仕入れ（支出）	● 水道光熱費・修繕費等の営業経費 ● 仲介手数料 ● ローン事務手数料 ● 建物の購入代金・建築工事費	● ローンの金利・保証料 ● 火災保険料・生命保険料 ● 契約の終了により返還される保証金・敷金 ● 土地の購入代金

ひとこと

消費税の納付税額は、課税期間（個人の場合は1月1日～12月31日まで、法人の場合は「事業年度」）ごとに、売上に対する税額から仕入れに含まれる税額の合計額を差し引いて計算します。

5 相続税

出題 H28・30・R2

1 相続とは

相続とは、被相続人（亡くなった本人）が死亡した時に、亡くなった**本人が持っていた財産上の権利・義務**を、配偶者や子ども等の**相続人に承継・移転**させることです。

2 法定相続人と法定相続分

配偶者は、**常に相続人**となり、配偶者以外の相続人は、次のとおりです。

❶ 子（第1順位）
❷ 直系尊属（亡くなった本人の父母等：第2順位）
❸ 兄弟姉妹（第3順位）

ひとこと

配偶者以外の相続人（❶～❸）には優劣があり、先順位の相続人がいる場合には、後順位の者は相続人とはなりません。

3 相続人とその相続分

❶ 相続人が「配偶者と子」の場合の相続分

 配偶者…$\frac{1}{2}$ ＋ 子全員…$\frac{1}{2}$

❷ 相続人が「配偶者と直系尊属」の場合の相続分

 配偶者…$\frac{2}{3}$ ＋   直系尊属全員…$\frac{1}{3}$

❸ 相続人が「配偶者と兄弟姉妹」の場合の相続分

 配偶者…$\frac{3}{4}$ ＋   兄弟姉妹全員…$\frac{1}{4}$

4 相続税と賃貸不動産

亡くなった本人が所有していた賃貸不動産については、それを引き継いだ相続人に相続税が課されます。

❶ 相続税の計算

土地・建物や預金等の財産から借入金や未払金等の債務を引いたものが正味の遺産額になります（生命保険金や死亡退職金はそれぞれ非課税限度額を超えた分が加算されます）。正味の遺産額から基礎控除を除いたものが、課税される遺産の総額になります。

> 相続税の課税遺産総額＝正味の遺産額－基礎控除額

　これを法定相続分に応じて各相続人に按分し、相続税率を乗じて各相続人の相続税額を算出します。なお、相続税率は累進課税で計算されます（10～55％）。

❷ 基礎控除額
　次の計算式により計算します。

> 相続税の基礎控除額＝3,000万円＋（600万円×法定相続人の数）

ひとこと
例えば、法定相続人が妻と子供2人の合計3人の場合には、基礎控除の金額は3,000万円＋600万円×3人＝4,800万円となります。

❸ 賃貸不動産の財産評価

ア）土地建物の評価額
　土地の評価額は、通常「**路線価額**」によります。「路線価額」の定められていない地域では「固定資産税評価額」に一定の税率を乗じて求めます。

ひとこと
路線価とは市街地を形成する地域の路線（不特定多数が通行する道路）に面する宅地の、1㎡当たりの評価額のことで、毎年1月1日時点の価格が、7月1日に全国の国税局・税務署で公示されます。

イ）貸家建付地
　貸家、賃貸アパート、賃貸マンションなどの賃貸物件が立っている土地を「**貸家建付地**」といいます。更地よりも使い勝手が悪いので、評価額が低くなります。貸家建付地は以下の計算式で評価額を計算します。

> 貸家建付地の評価額＝自用地（更地）の評価額×
> （1－借地権割合（通常60〜70％）×借家権割合（30％）×賃貸割合）

ひとこと
賃貸割合とは、各独立部分の床面積の合計のうち、相続開始時に賃貸されている部分の床面積の占める割合をいいます。例えば、同じ床面積の10戸の賃貸アパートのうち、5戸が賃貸されているなら、賃貸割合は50％です。

ウ）貸家の評価額

借家権の設定されている貸家は、自用の建物に比べて、貸主にとって使い勝手が悪いので、貸家について相続した場合、自用の建物よりも評価額が低くなります。貸家は以下の計算式で評価額を計算します。

> 貸家の評価額＝建物の固定資産税評価額×（1－借家権割合（30％））

ひとこと
借家権割合は国税庁の財産評価基本通達により30％で固定されています。

❹ 小規模宅地の評価減の特例

小規模宅地について相続税は以下のような特例を設けています。

区分	要件	面積の上限	減額の割合
貸付事業用宅地	相続開始の直前に被相続人等の不動産貸付業等の用に供されていた宅地等で、親族が貸付業を承継したもの	200㎡	50％
特定居住用宅地	相続開始の直前に被相続人等の居住の用に供されていた宅地等で配偶者や同居の親族等が取得したもの	330㎡	80％

特定事業用宅地	相続開始の直前に、被相続人等が不動産貸付事業以外の事業の用に供されていた宅地等で、親族が事業を承継したもの	400㎡	80%

TRY! 過去問　R1-問36

Q 賃貸建物の敷地に小規模宅地等の特例を適用する場合には、評価額から200㎡までの部分について50％減額することができる。

A 貸付事業用宅地について、小規模宅地等の特例を適用する場合、一定の要件を満たせば、200㎡までの部分について評価額を50％減額することができます。　〇

5 贈与税

贈与税とは、贈与によって財産を受け取った人に課される税金です。

❶ 基礎控除

贈与税の基礎控除は、**110万円**です。

ひとこと
つまり、1年間に110万円以下の贈与であれば、贈与税は課されません。

❷ 相続時精算課税制度

相続時精算課税制度とは、親から子に生前贈与する際に、贈与財産が**2,500万円**までは**贈与税が**かからず、2,500万円を超えた部分の金額についてのみ、一律税率20％の贈与税を支払えばよい、という制度です。

この制度では、生前贈与分はあくまで相続分の「前払い」として扱われますので、親を相続するときには、**遺産にプラスして相続税を計算**することになります。

■ 相続時精算課税制度の計算の例

生前贈与時

2,500万円の贈与（非課税）

加算

相続（死亡）時

7,500万円の遺産

「1億円の遺産」として合計額に相続税が課される

ひとこと

相続時精算課税制度を選択した場合、その選択した年以降の贈与には、すべて相続時精算課税制度が適用され、**暦年課税による基礎控除110万円は使えません**。

TRY! 過去問

H30-問36

Q 生前贈与について相続時精算課税制度を選択した受贈者（子）については、贈与者（親）の死亡による相続時に、この制度により贈与を受けた財産を相続財産に加算をして相続税の計算を行う。

A 相続時精算課税制度では、親の相続時（死亡時）に贈与財産は相続財産に加算されて相続税を計算します。 ○

6 所得税

出題 H27・28・29・30・R2

1 譲渡所得

　個人が不動産を譲渡することで利益を得た場合は、その利益には「譲渡所得」として所得税が課税されます。

所得税は、原則、すべての所得を合算して計算する「総合課税」ですが、個人の**不動産**の売却に伴う**譲渡所得**は、他の所得と**分離**して税額を計算する「**申告分離課税**」という計算方法になります。

ひとこと
つまり、「不動産譲渡所得」として、**単独で計算して申告**する必要があります。

2　不動産を譲渡した場合（譲渡所得）の特例

❶ 特定事業用資産の買換特例

　個人が、事業の用に供している特定の地域内に所在する土地・建物等の**特定の資産**（**特定事業用資産**）を譲渡して、別途、一定期間内に同じ地域内に所在する特定事業用資産を取得したとき（つまり、買い換えたとき）は、一定の要件の下、買い換えで得た**譲渡益**の**70〜80%**については**課税**されません。

ひとこと
「特定の地域」とは、東京都の23区や大阪市等の既成市街地等を指します。また、「一定の要件」には、①譲渡した年の1月1日で10年超所有していること、②事業資産であること等が該当します。

❷ 居住用財産の譲渡所得の特例

　個人が、自己居住用の住居等の不動産を売却した場合には、譲渡所得税や住民税等が軽減される様々な特例があります。

❶ 居住用財産の 3,000万円特別控除	譲渡所得から**3,000万円**が控除される
❷ 軽減税率の特例	**10年**超所有している住居を譲渡する場合で、所定の要件を満たすものについては、長期譲渡所得に対する税率（15%）が軽減され、**10%**になる

| ❸ 特定の居住用財産の買換特例 | 住居を買い換える際、売却した住居について譲渡益が発生した場合に、一定の要件の下、譲渡益に対する課税を将来に**繰り延べる**ことができる |

ひとこと
❶と❷は併用可能ですが、❸の適用を受ける場合は、❶❷の特例を併用することはできません。

❹ 空き家にかかる譲渡所得の特別控除の特例

被相続人が亡くなることにより**空き家になった家屋とその敷地の両方**を相続した相続人が、それらを譲渡した場合は、譲渡所得について**3,000万円**を控除できます。

3 不動産の貸付けによる不動産所得

不動産を賃貸して**賃料収入**がある場合、**不動産所得**が生じます。不動産所得は**他の所得（給与所得等）**と**合算**して**確定申告**することが必要となります。

なお、不動産所得は、収入から必要経費を差し引いて計算します。

ひとこと
「不動産所得」の収入には、①賃料収入、②礼金・更新料等、③敷金等のうち返還不要なもの、④共益費等が該当します。

❶ 収入金額

賃貸借契約において、「その年の1月1日～12月31日までの間に受領すべき金額」として確定した金額が、「収入」となります。

(1) 賃料の計上時期

賃料は、次のような基準で「収入」として計上します。

■ 賃料の計上時期

支払期日	「収入」として計上する日
支払期日が定められている場合	支払期日
「請求があったときに支払う」とされている場合	請求をした日
支払期日が定められていない場合	実際に支払を受けた日

　なお、実際に入金がなくても、支払日が到来したら「収入」として計上しなければなりません。また、契約の解除や貸倒れが確定するまでは、**入金がなくても**「**収入**」として取り扱い、万一その後も入金がない場合にはじめて、「**未収賃料**」として扱い、貸借対照表には「**資産**」として計上することになります。

(2)「賃料以外の収入」の計上時期

　賃料以外にも、**権利金**や**返還しない**敷金等は、次のように「収入」として計上しなければなりません。

■「賃料以外の収入」に計上する時期

権 利 金 ・ 礼 金	物件の引渡しのあった日、または契約の効力発生日
更 新 料	契約の効力発生日
敷金・保証金のうち、借主に返還しない部分	借主に返還しないことが確定した日

❷ 必要経費

　賃貸不動産経営に関する「費用等」は、次のように、**必要経費として認められるもの**（収入金額から控除できるもの）と**認められないもの**に分類されます。

❶ 必要経費として認められるもの	・事業税 ・消費税（税込で経理を行う場合） ・土地・建物に係る固定資産税・都市計画税・収入印紙 ・損害保険料（掛捨ての場合） ・修繕費・管理手数料・広告宣伝費 ・管理組合への管理費（賃貸物件が分譲マンション内の場合） ・税理士・弁護士への報酬 ・減価償却費 ・業務のための借入金の利息　等
❷ 必要経費として認められないもの	・所得税・住民税 ・借入金の元金返済部分 ・家事費（事業に関連しない支出） ・物件や設備の価値を高めるような改修工事費（資本的支出）　等 ⚠ ・支出額60万円未満 　・前期末取得価格の10%以下 }どちらかに該当すると資本的支出ではなく修繕費になる

ひとこと

同じ税金でも、事業税・消費税は必要経費にすることができますが、所得税・住民税はできません。また、事業のための借入金の支払利息は必要経費にすることができますが、元金はできません。

TRY! 過去問　　　　　　　　　　　　　　　　　　　　　　H27-問36

Q 所得税、住民税及び事業税は、いずれも不動産所得の計算上、必要経費に含めることができない。

A 事業税は必要経費に含めることができますが、所得税と住民税は含めることができません。　　　　　　　　　　　　　　　　　　　　　　❌

❸ 回収不能の賃料（貸倒損失）の取扱い

　未収の賃料も「収入」としなければなりませんが、このままでは未収入分も含めて税金の支払額が決定されることになります。そこで、最終的には未収賃料を「**貸倒損失**」（賃料債権が回収できなくなった場合の貸主の損失）として計上する

必要があります。

　貸倒損失が生じた場合、その損失は、原則、その年分の**必要経費**（法人の場合は「**損金**」）として経理処理をすることができます。

　ただし、回収不能の未収賃料は、滞納期間の長短にかかわらず、単に滞納している状況であるだけでは「必要経費」にはならず、次の手続が必要となります。

> ❶ あらかじめ賃貸借契約を解除し、または、裁判所の判決・和解・調停等により賃貸借契約を終了させたうえで、その**未収賃料の金額を確定させる**
> ❷ 判決等によって支払が猶予された金額、または分割により返済される部分は「必要経費」とはならず、この**部分を控除した金額**を「必要経費」として計上する

❹ 減価償却費

　減価償却費は、前述Section ❷ ❹の方法で金額を計算し、その耐用年数に応じて、各年分の必要経費とします。ただし、個人の所得税の算定においては、**取得価額が10万円**未満の少額の減価償却資産は、**全額**を「その業務の用に供した年分」の**必要経費**として取り扱います。

❺ 青色申告

　一定水準の記帳をし、その記帳に基づいて正しい申告をする人については、所得金額の計算などについて有利な取扱いが受けられる**青色申告**の制度があります。青色申告をすることができる人は、**不動産所得**、事業所得、山林所得のある人です。青色申告には以下の特典があります。

青色申告特別控除	不動産所得を生ずる事業を営んでいる青色申告者には特別控除が認められる ① **65万円**控除の要件 ● **電子帳簿保存**または**e-Tax**による電子申告を行っている ● **正規の簿記**の原則、により記帳している ● 貸借対照表・損益計算書を確定申告書に添付し法定申告期限内に提出している ② **55万円**控除の要件 ● **正規の簿記**の原則、により記帳している ● 貸借対照表・損益計算書を確定申告書に添付し法定申告期限内に提出している ③ **10万円**控除の要件 上記①②以外

青色事業専従者給与	青色申告者と生計を一にしている配偶者やその他の親族のうち、年齢が15歳以上で、その青色申告者の事業に専ら従事している人に支払った給与は、事前に提出された届出書に記載された金額の範囲内で専従者の労務の対価として適正な金額であれば、必要経費に算入することができる
純損失の繰越し	損失(赤字)の金額がある場合で、損益通算の規定を適用してもなお控除しきれない部分の金額(純損失の金額)が生じたときには、その損失額を翌年以後3年間にわたって繰り越して、各年分の所得金額から控除することができる

■ 純損失の繰越し

平成30年の純損失1,000万円

令和元年（1年目）
損失の繰り越し
1,000万円

↓通算

所得300万円

↓

課税される所得
0円
（300万円－
1,000万円＝
－700万円）

令和2年（2年目）
損失の繰り越し
700万円

↓通算

所得300万円

↓

課税される所得
0円
（300万円－
700万円＝
－400万円）

令和3年（3年目）
損失の繰り越し
400万円

↓通算

所得300万円

↓

課税される所得
0円
（300万円－
400万円＝
－100万円）

あと100万円損失がありますが、3年経過したのでもう繰り越せません

7 住民税

出題
R1・R2

市町村民税と都道府県民税を合わせて住民税と呼びます。住民税は以下の2つに大別できます。

均 等 割	所得額とは関係なく、一律の額（市町村民税3,500円・道府県民税1,500円）が課税される部分
所 得 割	住民税額のうち、所得額に比例して課税される部分。所得段階に関わらず一律**10%**となる（市町村民税6％と道府県民税4％）

また、住民税の納付方法には以下の2つがあります。

普 通 徴 収	住民税を住民自ら納付する徴収方法
特 別 徴 収	給与支払者が毎月支払う給与から住民税を差し引いて納付する徴収方法

CHAPTER 5　賃貸不動産経営への支援業務

Section 5 不動産賃貸経営法人

重要度 C

このSectionのポイント
◆ **法人化のメリット** …… 課税の軽減化が可能です。
◆ **法人化のデメリット** … 設立費用や維持費用がかかります。
◆ **法人（会社）の形態** … ①管理会社、②サブリース会社、③建物所有会社、④土地建物所有会社の4種類

1　法人化のメリット・デメリット

出題 H29

　近年、賃貸不動産経営を、個人としてではなく、不動産オーナー自らが会社を設立し、法人（**不動産賃貸経営法人**）として行っていく動きが活発化しています。
　この賃貸不動産経営の法人化には、次のようなメリット・デメリットがあります。

1　賃貸不動産経営の法人化のメリット

❶「納税方法の変更」による超過累進税率の緩和
　個人の所得税率は、所得が高いほど税率も高くなる**超過累進税率**です。その一方で、**法人**の法人税率は、課税所得が増えても、**基本税率**は**一定**です。そのため、納税方法を「所得税」から「法人税」に変更することによって生じる個人と法人の「実効税率の格差」を利用すれば、**節税効果が高くなる**といえます。

❷「家族の役員化」による法人税・所得税の緩和
　家族を法人の役員にして報酬や給料を支払うと、次のように法人税・所得税の軽減が可能となります。

295

❶ 報酬や給料を法人税の**必要経費**（損金）にできる
❷ 家族1人当たりの所得が小さくなり、家族の総所得に対する税率も下がる
❸ 家族が受け取る給料等について、それぞれの**給与所得**から行う**控除**により、節税できる

■個人経営を法人化したことによる節税のしくみ

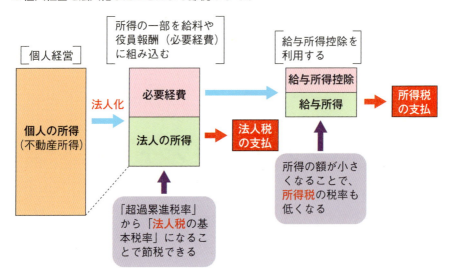

❸ 法人設立の判断

　個人として賃貸不動産経営を行うのと、法人を設立して行うのとでは、**どちらが節税対策として有利か**を判断する材料としては、まず、法人が賃貸不動産経営をした場合、「法人税＋法人住民税」は29.74％前後ですので、個人で「所得税＋住民税」の**税率が30％**以上の方は、法人化のメリットが期待できます。

　また、一般的に、所得がおおむね700万円くらいまでは個人として事業を行う方が税率が低いため有利であり、**800万円**を超えた場合は、**法人化する方が有利**といえます。

> **TRY! 過去問**　H29-問36
>
> **Q** 不動産賃貸経営を法人化すれば、個人の所得に対して課される所得税の税率は、法人に課される法人税の税率より高いため、所得の多寡を問わず、確実にメリットがあるといえる。
>
> **A** 所得が700万円程度までは、「個人」として事業を行った方が節税対策として有利です。　✗

2 不動産賃貸経営の法人化のデメリット

❶ 会社設立費用がかかる

<u>設立費用</u>は、株式会社で24万円前後、合同会社でも６万円前後かかります。

❷ 維持費がかかる

会社形態では、個人で賃貸不動産経営をするよりも詳細な帳簿付けが要求されますので、経理や税務について、その専門家である税理士等に依頼する必要性が高くなります。そのため、個人で賃貸不動産経営をするよりも、税理士報酬が多くかかる可能性があります。

また、法人は、所得がなくても**法人住民税**<u>均等割</u>が最低７万円かかります。

2 4種類の法人(会社)形態

個人オーナーとしての所得を、法人化によって**不動産賃貸経営法人**に分散することで、節税効果が見込めます。この法人の形態には、次の４種類が挙げられますが、それぞれにメリット・デメリットがあります。

> **ひとこと**
>
> 個人で既に物件を所有している場合、建物所有会社や土地建物所有会社を設立する方式では、不動産の所有権を会社名義にする際に所得税や登録免許税がかかり、経費が高くなりますので、管理受託会社やサブリース会社を設立する方式の方が経費を抑えることができるのです。

1 管理受託会社を設立する方式

個人オーナーが管理受託会社を設立し、**不動産の所有者**はあくまで「**個人オーナー**」のままで、**管理受託会社**がオーナー所有物件の**管理**を行う、という形態の会社です。

管理受託会社は、個人オーナーから管理料収入を得ることで、そして、個人オーナーは、支払う**管理料を必要経費**とすることで、所得税が軽減できるという方式です。

メリット	デメリット
❶ 建物所有会社（➡後出3）や土地建物所有会社（➡後出4）は、個人の不動産を法人名義にするため所得税等がかかるが、この方式は管理を委託するだけなので、不動産の**売買費用がかからない** ❷ サブリース会社（➡後出2）と異なり、管理会社と借主とで改めて転貸借契約をする必要がなく、管理業務が**シンプル**	❶ 管理を委託した会社による管理業務の記録が必要（個人オーナーのまま行う場合は不要） ❷ 必要経費にできるのが管理料だけとなり、相続税対策や**節税効果が低い**

ひとこと

管理料は、設定が高すぎると必要経費と認められないので、必要経費への算入を抑えざるを得ず、所得分散効果は低くなります。

2 サブリース会社（一括転貸）を設立する方式

個人オーナーがサブリース会社を設立し、オーナーが自己所有物件をサブリース会社に**一括で貸付け**、**定額の賃料を得る**一方で、サブリース会社は、借り上げた物件について入居者を探し、賃料収入を得るという方式です。

個人オーナーの受け取る**賃料**とサブリース会社の受け取る**転借料**の2方向に**所得を分散**することで、所得税の税率が下がり、節税が可能です。

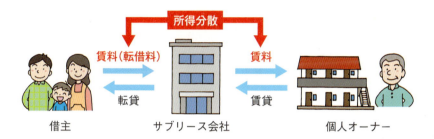

メリット	デメリット
❶ 管理受託方式（**1**）と同様、転貸（サブリース）するだけなので、不動産の**売買費用がかからない** ❷ オーナーの相続が発生した時に、借主との契約変更等の手間がかからない ❸ サブリース会社に全部屋を一括して貸し付けるので、オーナーの賃貸割合は「100％」となる ❹ 個人オーナーがサブリース会社から受け取る賃料と、サブリース会社が転借人から受け取る転借料とに所得を分散させられるので、**節税効果が高い**	❶ サブリース方式への変更時に、サブリース会社と入居者との契約に変更するための手続が必要になり、費用等がかかる ❷ 空室率が高いとサブリース会社は**赤字**となる

「メリット❸」については、空室がある場合でも、オーナーが所有物件をサブリース会社に一括して貸し付けるので、個人オーナーの賃貸割合は「100％」になるのです。

3 建物所有会社を設立する方式

個人オーナーが自己所有する土地上に、賃貸物件（建物）を所有するという「建物所有会社」を設立する方式です。借主は**賃料**を**建物所有会社**に対して支払い、建物所有会社は**個人オーナー**に**地代**を払うことで、**所得分散**による節税が可能となります。

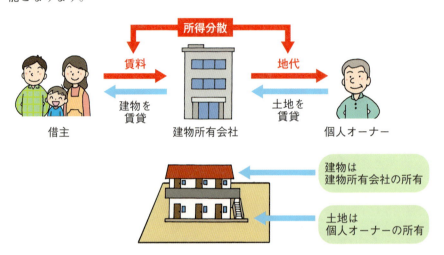

メリット	デメリット
建物所有会社が賃料を受け取り、個人オーナーは地代を収入として受け取るので、**所得分散効果が高い**	❶ 個人オーナーから建物所有会社に対する建物の売買取引が発生するため、**所得税**や**登録免許税**等の費用がかかる ❷ 建物の所有者が会社に変わるため、建物所有会社と借主との契約に変更する手続が必要となり、手間や**費用がかかる** ❸「**認定課税**」を受けるおそれがある

ひとこと

「デメリット❸」の**認定課税**とは、法人が権利金の支払なしで土地を借り受けた上で建物を所有するような場合に、「地主から権利金相当額の贈与を受けた」として課税が行われる制度をいいます。

4 土地建物所有会社を設立する方式

　個人オーナーが、土地と建物の両方を所有する土地建物所有会社を設立し、土地建物所有会社が、建物に加えて**土地も所有する**形態です。借主は、賃料を土地建物所有会社に支払い、土地建物所有会社は、個人オーナーに対して給料や役員報酬を支払うことで、所得分散を図ることができます。

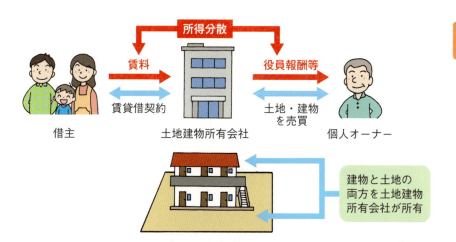

メリット	デメリット
土地建物所有会社が賃料を受け取り、個人オーナーは給与や役員報酬を受け取るので、**所得分散効果が高い**	❶ 土地・建物を売買する手続や入居者への通知等が必要となり、**所得税**や**登録免許税**等の費用がかかる ❷ 土地の購入も必要なため、**多額の資金が必要**

CHAPTER 5 賃貸不動産経営への支援業務

Section 6 賃貸管理と不動産証券化業務

重要度 A

このSectionのポイント

- ◆ アセットマネジメント会社 …… 資産運用の計画等を行う会社です。
- ◆ アセットマネージャー ……… アセットマネジメント会社で資産運用を担当する専門家です。
- ◆ プロパティマネージャー …… 不動産の実際の管理業務の担当者のことで、アセットマネージャーにより選任されます。

1 不動産証券化の仕組み

出題 R2

　賃貸マンションなどの収益性の高い不動産は、例えば、一棟のまま取引を行うには高額すぎるため、投資できる人が限られてしまい、資金調達の道を狭めてしまいます。そこで、その収益性の高さを裏付けとして、**不動産の価値**を小口の**有価証券**に替えて、多数の投資家から資金を集めることができるようにする手法を、**不動産証券化**といいます。

　不動産証券化には、**資産流動化型**と**資産運用型**（ファンド型）の2種類があります。

❶ 資産流動化型

　資産流動化型の不動産証券化は、資産である不動産の保有者（オリジネーター）が、まず、資産である賃貸マンションやビル等を**特別目的会社**（ＳＰＣといいます。ＳＰＣの中でも資産の流動化のみ目的とする会社をＴＭＫ「特定目的会社」といいます）に移転させ、特別目的会社が、資産が生み出す収益を裏付けとした**証券を発行**し、資金調達を行う仕組みです。

ひとこと

特別目的会社は、「投資による配当を運ぶもの」または「投資の器になるもの」という意味で、「**ビークル**」ともいわれます。

❷ 資産運用型

資産運用型の不動産証券化は、複数の投資家から資金を集めて特定の不動産に投資して運用し、その運用収益を各投資家に分配する仕組みです。

ひとこと

資産自体が持つ価値（信用力）によって資金を調達するので、銀行からの借入に比べて低コストで資金調達ができるというメリットがあります。

■ 不動産証券化の流れ

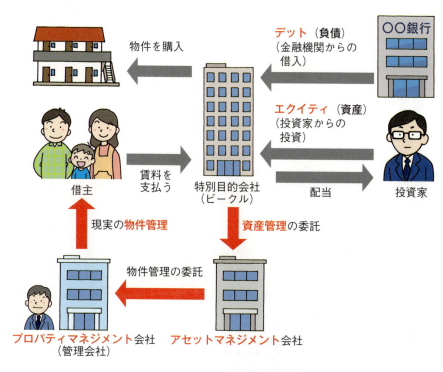

2 アセットマネジメントとプロパティマネジメント

出題 H27・28・29・30・R2

❶ アセットマネジメント

資金運用の計画・決定・実施および実施の管理を行う業務を、**アセットマネジメント**といいます。

アセットマネジメント会社とは、投資家等から委託を受けて、次の一連の業務を行う会社です。アセットマネジメント会社で実際に一連の業務を行う専門家を、**アセットマネージャー**といいます。

❶ 投資家等から委託を受ける
　↓
❷ 総合的な計画を策定する
　↓
❸ 投資を決定・実行する
　↓
❹ 借主管理・建物管理・会計処理などについて、プロパティマネジメント会社から報告を受けて、投資の状況を把握する
　↓
❺ 現実の管理運営を指示する
　↓
❻ 売却によって投下資金を回収する

❷ プロパティマネジメント

現実の賃貸物件の管理・運営を行う業務を、**プロパティマネジメント**といいます。そして、この業務を行う会社をプロパティマネジメント会社、プロパティマネジメント業務に携わる担当者を、**プロパティマネージャー**といいます。

ひとこと

プロパティマネジメント会社は、自らの業務に合理性があることについて、**説明義務**を負い、説明責任を果たすための客観的な根拠を**常に**準備しておかなければなりません。

> **TRY! 過去問**　H27-問33
>
> **Q** プロパティマネジメントは、投資を決定・実行し、借主管理、建物管理、会計処理等について、アセットマネジメント会社からの報告を受けて投資の状況を把握する業務である。
>
> **A** 本問の内容は、「アセットマネジメントの業務」です。　✗

3 不動産証券化における役割分担

出題 H27・28・29・30・R2

　従来は一体として行われていた業務を分離し、それぞれを個別・専門的な業務として役割分担を行うことを「**アンバンドリング**」といいます。

　近年、不動産事業は、業務が細分化し、それぞれ極めて高度で専門的な知識や経験・能力が必要とされています。不動産証券化においても、それぞれの業務は各専門家によって役割分担されており、「**アセットマネジメント（AM）**」と「**プロパティマネジメント（PM）**」とのアンバンドリングが一般化しています。

1 アセットマネージャーとプロパティマネージャー

　アセットマネージャーとプロパティマネージャーの専門性は、次のとおりです。

アセットマネージャー	アセットマネジメント会社で一連の業務（総合的な計画の策定から投下資金の回収まで）を実際に行う専門家
プロパティマネージャー	**アセットマネージャー**から**選任・委託**を受け、その指示の下、現実に不動産の管理運営を行ってキャッシュフローを安定させ、不動産投資の**採算性を確保**するための専門家

> **ひとこと**
> 対象不動産の管理業務に係る経費を、**PMフィー**（プロパティマネジメントのための費用）といいます。

2 プロパティマネジメント会社の業務

プロパティマネジメント会社が行う業務は、基本的には賃貸管理業務と同じですが、**投資家のために行われる**という側面から、以下の業務が特に重視されています。

❶ 報告業務

投資家に対する説明および適切な時期の情報開示は、投資家のための業務の根幹です。そのために、**アセットマネージャー**に対する**報告書**の提出は、プロパティマネジメントにおいて重要な業務となります。

> **ひとこと**
> プロパティマネジメント会社の報告業務は、**アセットマネージャーとの賃貸管理受託契約**に基づいて行われます。

TRY! 過去問　　　　　　　　　　　　　　　　　　H30-問1

Q 不動産証券化においてアセットマネージャーが説明・情報開示責任を果たすために必要な情報は、管理業者の情報を基礎とするので、管理業者としては、特に投資家のために、透明性の高い説明と報告をする役割を担っている。

A 管理業者は、投資家に対してだけでなく「アセットマネージャー」や貸主等に対しても透明性の高い説明・報告が求められています。　✗

❷ 調査・提案業務

調査・提案業務は、不特定の投資家等の投資判断に役立つよう、論理的な説得力が必要です。

(1) テナントリテンション

提案業務には、「**テナントリテンション（借主の維持）**」が含まれます。借主の入れ替えに伴う空室リスクやリフォーム等のコスト増は、不利益を生みますので、可能な限り既存の借主を維持することは、重要なプロパティマネジメント業務です。

(2) コンストラクションマネジメント

中・長期的な建物・設備の改修・修繕の計画を策定し、実施する業務を「**コンストラクションマネジメント（CM）**」といい、重要なプロパティマネジメント業務の1つです。

❸ 所有者や投資家等の交代に関する業務

証券化された物件では、投資目的の達成によって権利が譲渡され、**投資家**や**所有者**が**頻繁に交代**します。そのため、所有者の交代に際し、旧所有者から新所有者に貸主の地位が**円滑に引き継がれる**ように尽力することは、重要なプロパティマネジメント業務です。

4 ノンリコースローン

「**ノンリコースローン**」とは、「借入金の返済義務が**融資対象の物件に限定**され、借り手のそれ以外の財産には返済義務が及ばない」というローンの方式です。

借り手である特定目的会社にとっては、**リスクを融資対象の物件に限定**でき、また借り手の他の資産や事業に返済が及ばないというメリットがあります。その一方で、貸し手側から見れば、貸付する際のリスクが非常に大きくなりますので、その回避手段として、審査基準の厳格化や高金利化等、返済義務が限定されない「リコースローン」の融資条件よりも貸付側にとって有利な条件を設定することになります。

不動産の証券化では、個別の特約を設けることによって、多くは「ノンリコースローン」を採用しています。これにより、証券化した不動産の価格が下落し、ローンの返済額に足りなくなっても、特定目的会社にとっては、返済リスクが高まりません。

> **ひとこと**
> つまり、**ノンリコースローン**は、「債務者の返済能力」という不安定な判断基準ではなく、**融資対策の物件の資産価値**を判断基準とするのです。

MEMO

あ行

アウトソーシング　90
空き家対策　124
空き家にかかる譲渡所得の特別控除の特例　289
アセットマネジメント　304
委任契約　194，197
印紙税　281
ＳＩ（スケルトン・インフィル）住宅　208
オプトアウト　183，185

か行

開業費　273
鍵の管理　76
貸倒損失　291
貸主の修繕義務等　131
ガス・給湯設備　256
ガスマイコンメーター　257
借主（入居者）の募集　57
換気設備　254
元金均等返済　269
勧誘者等　38
元利均等返済　269
管理受託会社　298
管理受託契約　194
管理受託契約の締結時の書面　32
管理受託方式　12
機械換気設備　227，255
機械式駐車場設備　259
企画・提案　262
機関保証　193

給水設備　232
給水方式　235
共益費　98，271
強制執行　111
業務改善命令　34
業務管理者　26
居住用財産の譲渡所得の特例　288
クレーム処理　81
計画修繕工事　223
経過年数　118
減価償却費　272
原状回復をめぐるトラブルとガイドライン　114
建築基準法　226
建築構造　204
合意更新　146
広告活動　59
更新事務手数料　96
更新手続　95
公正証書　107
高齢者居住法　166
個人情報保護法　179
誇大広告等の禁止　40
固定資産税　279
コンクリートブロック塀　216
コンストラクションマネジメント　307

さ行

サービス付き高齢者向け住宅　166
再契約　149
債務不履行　162

309

サブリース会社　299

サブリース住宅原賃貸借標準契約書　176

サブリース方式　13

敷金　141

敷引き　144

事業期間　264

事業計画の策定　268

資金調達と借入金　269

資産運用型　303

資産流動化型　302

指示処分　49

シックハウス症候群対策　227

借室変電設備　250

借地借家法　130

借地上の建物の賃貸借契約　155

従業者証明書　24

終身建物賃貸借制度　167

住生活基本法・住生活基本計画　126

住宅確保要配慮者　172

住宅宿泊管理業者　169

住宅宿泊事業者　168

住宅宿泊事業法　167

住宅宿泊仲介業者　171

住宅セーフティネット法　172

重要事項の説明　28

少額訴訟　108

浄化槽　242

昇降機（エレベーター）設備　252

使用貸借契約　165

消費税　281

消防設備　243, 244

所得税　287

書類の閲覧　42

自力救済の禁止　101

相続税　282

創立費　273

損耗等の区分　116

た行

耐震改修　214

耐震改修促進法　212

耐震構造　213

耐震診断　210

耐用年数　272

宅建業法　56

建物所有会社　300

建物の維持・保全　218

中途解約　149

中途解約申入れ　160

帳簿　24

賃借権の承継　164

賃借権の譲渡・転貸　151

賃借権の対抗要件　140

賃貸管理　15, 56

賃貸借契約　130

賃貸借契約の更新　146

賃貸住宅管理業　18

賃貸住宅管理業者　19

賃貸住宅管理業者登録制度　10

賃貸住宅着工数　127

賃貸住宅標準管理委託契約書　199

賃貸住宅標準契約書　174

賃貸不動産管理　2

賃貸不動産経営　262

賃料　98

賃料等の支払　135

賃料の増減額請求権　137

通気設備　241

定期建物賃貸借　148

定期報告　25, 94, 222

停電対策　251

テナントリテンション　306

電気設備　249

登録の取消し　35

特定事業用資産の買換特例　288

特定賃貸借契約に関する業務の停止等　49

特定賃貸借契約の重要事項説明　43

特定賃貸借契約の締結時の書面　46

特定転貸事業者　38

都市計画税　280

土地建物所有会社　301

取壊し予定建物　161

な行

内容証明郵便　107

日常点検　219

入居審査　68, 71

根保証　191

ノンリコースローン　307

は行

廃業等の届出　22

排水設備　238

排水トラップ　239

ＰＭフィー　305

被災建築物応急危険度判定　216

必要費　133

避難等に関する規定　229

費用の負担　133

負担区分　120

物件の調査　68

物件の滅失　161

不動産公正競争規約　61

不動産取得税　278

不動産証券化　302

不動産所得　289

不動産賃貸経営法人　295

不動産適正取引推進機構　128

不当な勧誘等の禁止　41

プロパティマネジメント　304

分別の利益　190

平面駐車場　164

変更の届出　22

弁護士法の遵守　102

弁済の提供　136

防火管理者　243

防火対象物　243

報告徴収および立入検査　34, 48

法人化　295

法定更新　146

保管義務　138

保険　274

保証金　144

保証契約　187

ま行

マスターキー　77

マスターリース　13

未収賃料の回収手続　101

民泊新法　167

無断譲渡・無断転貸　153

や行

有益費　133

用法の遵守義務　139

ら行

倫理憲章　53

礼金　144

連帯保証　191

レンタブル比　270

311

◎執筆者
　小澤 良輔（TAC専任講師）

◎本文イラスト／須藤 裕子
　　　　　　　 napocon

◎装幀／Malpu Design

2021年度版　みんなが欲しかった！
賃貸不動産経営管理士の教科書

（2019年度版　2019年8月23日　初　版　第1刷発行）
2021年8月6日　初　版　第1刷発行
2021年8月26日　　　　　第2刷発行

編　著　者	Ｔ　Ａ　Ｃ　株　式　会　社	
	（賃貸不動産経営管理士講座）	
発　行　者	多　　田　　敏　　男	
発　行　所	ＴＡＣ株式会社　出版事業部	
	（ＴＡＣ出版）	

〒101-8383 東京都千代田区神田三崎町3-2-18
電話　03（5276）9492（営業）
FAX　03（5276）9674
https://shuppan.tac-school.co.jp/

組　　版	朝日メディアインターナショナル株式会社	
印　　刷	株　式　会　社　　光　　　　邦	
製　　本	株　式　会　社　　常　川　製　本	

© TAC 2021　　　Printed in Japan

ISBN 978-4-8132-9596-9
N.D.C. 673

本書は、「著作権法」によって、著作権等の権利が保護されている著作物です。本書の全部また
は一部につき、無断で転載、複写されると、著作権等の権利侵害となります。上記のような使い
方をされる場合、および本書を使用して講義・セミナー等を実施する場合には、小社宛許諾を求
めてください。

乱丁・落丁による交換、および正誤のお問合せ対応は、該当書籍の改訂版刊行月末日までとい
たします。なお、交換につきましては、書籍の在庫状況等により、お受けできない場合もござ
います。
また、各種本試験の実施の延期、中止を理由とした本書の返品はお受けいたしません。返金も
いたしかねますので、あらかじめご了承くださいますようお願い申し上げます。

賃貸不動産経営管理士

2021年合格目標 初学者・独学者・受験経験者対象

総合本科生

通常受講料￥100,000（教材費・税込） | 5〜8月開講 | Webフォロー標準装備!!

試験の難化傾向＆賃貸住宅管理業法に対応した安心万全コース!

INPUT・OUTPUTともに「基礎」と「直前」の2段階で構成され、無理なく合格レベルに導いていく安心万全コースです。2020年に引き続き試験の難化が予想されるため、初学者だけでなく、独学者・学習経験者の方にもおすすめです。

◆カリキュラム　全26回

基礎 Input	**基本講義** 17回 講義…150分/回 第1編　賃貸不動産管理に関する法令 …………… 7回 第2編　賃貸住宅管理業法等 ………………………… 3回 第3編　賃貸不動産管理の実務 …………………… 3回 第4編　賃貸不動産経営への支援業務 …………… 2回 第5編　建物・設備の知識 ………………………… 2回 ※基本講義は、第1編⇒第3・4・5編⇒第2編の順で講義を行います。	オリジナルテキストを使用して、全17回で合格に必要な知識をわかりやすく解説します。試験の難化傾向への対策＆「賃貸住宅管理業法」成立による学習内容の変更を勘案し、講義回数を2回増やしました。講義を受講後は、テキストに掲載されているミニテストを、確認テストとして解くことによって、知識の習得度合を図ることができます。さらに、講義範囲をトレーニング（過去問題集）で復習することによって、知識を確実に習得できます。
基礎 Output	**基礎答練** 2回 答練…70分/回、講義…80分/回 **基礎答練 第1回** 基本講義第1・3編で学習した内容の基本問題… 40問 **基礎答練 第2回** 基本講義 第2・4・5編で学習した内容の基本問題… 40問	基本的な問題を70分で40問解きます。本試験と同様の問題数ですが、知識確認に役立つ基本的な問題のみを出題しているので、正確かつ迅速に解けるように40問70分としています。基本的な問題にかけられる解答時間を最初の段階から実感することによって、実践的な訓練ができます。特に、「賃貸住宅管理業者の登録制度」分野については過去問での訓練ができないため、基礎答練での知識の確認が重要です。
直前 Input	**直前総まとめ講義** 3回 講義…150分/回	基本講義で習得した知識を、図表を使ったオリジナルテキストを使用して、本試験で使える知識へと仕上げます。習得した知識から正解へとショートカットするための知識整理講義です。
直前 Output	**直前答練** 3回 答練…120分/回、講義…60分/回	直前答練は本試験と同じ時間（120分）で50問を解きます。知識を習得しても、時間制限にある中で正解を導く力は、また別のものです。通信やビデオブースの場合も、必ず時間を計って解きましょう。解説講義では、合格するうえで正解に導く必要のあるものを中心に解説します。
直前 Output	**全国公開模試** 1回 模試…120分、Web解説講義…60分	仕上げに、未出題分野だけでなく本試験出題傾向に沿った「今年」の本試験を予想する全国公開模試で本試験を体感します。

2021年合格目標 独学者・受験経験者対象

速修本科生・直前対策・全国公開模試

2021年7月以降順次ご案内予定! 詳細は、TAC賃貸不動産経営管理士講座ホームページにてご案内いたします。

資格の学校 TAC

3つのデジタルサービス
1. デジタル教材
2. トレーニングアプリ
3. Web答練

サービスの対象コース・詳細はTACホームページをご覧ください。

選べる学習メディア
- 教室講座
- ビデオブース講座
- Web通信講座

Webフォロー標準装備

教室講座 ※開講日は無料体験入学可能！

渋谷校	5/26(水)19:00~　6/9(水)19:00~ 7/3(土)18:00~
池袋校	6/24(木)19:00~　7/5(月)19:00~ 8/2(月)19:00~
新宿校	8/11(水)14:00~

ビデオブース講座

札幌校・仙台校・水道橋校・新宿校・池袋校・渋谷校・八重洲校・立川校・町田校・横浜校・大宮校・津田沼校・名古屋校・京都校・梅田校・なんば校・神戸校・広島校・福岡校

◆講義視聴開始日　5/26(水)より順次視聴開始

Web通信講座

◆教材発送開始日　5/24(月)より順次発送開始
◆講義配信開始日　5/26(水)より順次視聴開始

TAC動画チャンネル　https://www.tac-school.co.jp/tacchannel.html

公開セミナー・体験動画をそのまま配信！スマホ、タブレット、パソコンでご視聴いただけます。

割引制度

割引対象コース　2021年合格目標 TAC賃貸不動産経営管理士総合本科生

◆**再受講割引制度**　　　　通常受講料から**30% off**
◆**受験経験者割引制度**　　通常受講料から**20% off**

各種割引の割引対象者・割引ご利用のために必要なもの・その他各種注意事項についてはTACホームページをご覧ください。

各種資料のご請求・お問い合わせは

通話無料　0120-509-117
受付時間　平日・土日祝　10:00~17:00

■最新情報はTAC賃貸不動産経営管理士講座ホームページで！
https://www.tac-school.co.jp/kouza_chintai.html

TAC 賃貸　[検索]

TAC出版 書籍のご案内

TAC出版では、資格の学校TAC各講座の定評ある執筆陣による資格試験の参考書をはじめ、資格取得者の開業法や仕事術、実務書、ビジネス書、一般書などを発行しています！

TAC出版の書籍
*一部書籍は、早稲田経営出版のブランドにて刊行しております。

資格・検定試験の受験対策書籍

- ❂ 日商簿記検定
- ❂ 建設業経理士
- ❂ 全経簿記上級
- ❂ 税 理 士
- ❂ 公認会計士
- ❂ 社会保険労務士
- ❂ 中小企業診断士
- ❂ 証券アナリスト

- ❂ ファイナンシャルプランナー(FP)
- ❂ 証券外務員
- ❂ 貸金業務取扱主任者
- ❂ 不動産鑑定士
- ❂ 宅地建物取引士
- ❂ 賃貸不動産経営管理士
- ❂ マンション管理士
- ❂ 管理業務主任者

- ❂ 司法書士
- ❂ 行政書士
- ❂ 司法試験
- ❂ 弁理士
- ❂ 公務員試験(大卒程度・高卒者)
- ❂ 情報処理試験
- ❂ 介護福祉士
- ❂ ケアマネジャー
- ❂ 社会福祉士　ほか

実務書・ビジネス書

- ❂ 会計実務、税法、税務、経理
- ❂ 総務、労務、人事
- ❂ ビジネススキル、マナー、就職、自己啓発
- ❂ 資格取得者の開業法、仕事術、営業術
- ❂ 翻訳ビジネス書

一般書・エンタメ書

- ❂ ファッション
- ❂ エッセイ、レシピ
- ❂ スポーツ
- ❂ 旅行ガイド (おとな旅プレミアム/ハルカナ)
- ❂ 翻訳小説

(2021年7月現在)

書籍のご購入は

1 全国の書店、大学生協、ネット書店で

2 TAC各校の書籍コーナーで

資格の学校TACの校舎は全国に展開！
校舎のご確認はホームページにて

資格の学校TAC ホームページ
https://www.tac-school.co.jp

3 TAC出版書籍販売サイトで

 TAC出版書籍販売サイト

TAC出版 で 検索

24時間
ご注文
受付中

https://bookstore.tac-school.co.jp/

- 新刊情報を いち早くチェック！
- たっぷり読める 立ち読み機能
- 学習お役立ちの 特設ページも充実！

TAC出版書籍販売サイト「サイバーブックストア」では、TAC出版および早稲田経営出版から刊行されている、すべての最新書籍をお取り扱いしています。
また、無料の会員登録をしていただくことで、会員様限定キャンペーンのほか、送料無料サービス、メールマガジン配信サービス、マイページのご利用など、うれしい特典がたくさん受けられます。

サイバーブックストア会員は、特典がいっぱい！(一部抜粋)

 通常、1万円(税込)未満のご注文につきましては、送料・手数料として500円(全国一律・税込)頂戴しております。1冊から無料となります。

 専用の「マイページ」は、「購入履歴・配送状況の確認」のほか、「ほしいものリスト」や「マイフォルダ」など、便利な機能が満載です。

 メールマガジンでは、キャンペーンやおすすめ書籍、新刊情報のほか、「電子ブック版 TACNEWS(ダイジェスト版)」をお届けします。

 書籍の発売を、販売開始当日にメールにてお知らせします。これなら買い忘れの心配もありません。

書籍の正誤についてのお問合わせ

万一誤りと疑われる箇所がございましたら、以下の方法にてご確認いただきますよう、お願いいたします。

なお、正誤のお問合わせ以外の書籍内容に関する解説・受験指導等は、**一切行っておりません。**
そのようなお問合わせにつきましては、お答えいたしかねますので、あらかじめご了承ください。

1 正誤表の確認方法

TAC出版書籍販売サイト「Cyber Book Store」の
トップページ内「正誤表」コーナーにて、正誤表をご確認ください。

URL:https://bookstore.tac-school.co.jp/

2 正誤のお問合わせ方法

正誤表がない場合、あるいは該当箇所が掲載されていない場合は、書名、発行年月日、お客様のお名前、ご連絡先を明記の上、下記の方法でお問合わせください。
なお、回答までに1週間前後を要する場合もございます。あらかじめご了承ください。

文書にて問合わせる

● 郵送先　〒101-8383 東京都千代田区神田三崎町3-2-18
　　　　　TAC株式会社 出版事業部 正誤問合わせ係

FAXにて問合わせる

● FAX番号　**03-5276-9674**

e-mailにて問合わせる

● お問合わせ先アドレス　**syuppan-h@tac-school.co.jp**

※お電話でのお問合わせは、お受けできません。また、土日祝日はお問合わせ対応をおこなっておりません。
※正誤のお問合わせ対応は、該当書籍の改訂版刊行月末日までといたします。

乱丁・落丁による交換は、該当書籍の改訂版刊行月末日までといたします。なお、書籍の在庫状況等により、お受けできない場合もございます。
また、各種本試験の実施の延期、中止を理由とした本書の返品はお受けいたしません。返金もいたしかねますので、あらかじめご了承くださいますようお願い申し上げます。

TACにおける個人情報の取り扱いについて
■お預かりした個人情報は、TAC(株)で管理させていただき、お問い合わせへの対応、当社の記録保管および当社商品・サービスの向上にのみ利用いたします。お客様の同意なしに業務委託先以外の第三者に開示、提供することはございません(法令等により開示を求められた場合を除く)。その他、個人情報保護管理者、お預かりした個人情報の開示等及びTAC(株)への個人情報の提供の任意性については、当社ホームページ(https://www.tac-school.co.jp)をご覧いただくか、個人情報に関するお問い合わせ窓口 (E-mail:privacy@tac-school.co.jp)までお問合せください。

(2020年10月現在)